청춘영어
직업영어

청춘 영어:
직업영어

지은이 박신규
펴낸이 정규도
펴낸곳 (주)다락원

초판 1쇄 발행 2020년 3월 13일
초판 3쇄 발행 2025년 5월 1일

편집 유나래, 장의연
디자인 유혜영, 이현해
본문 일러스트 김영진 ozin2@naver.com
표지 일러스트 최성원 choiseongwon@raffles-designer.com
사진 shutterstock

다락원 경기도 파주시 문발로 211
내용문의: (02)736-2031 내선 523
구입문의: (02)736-2031 내선 250~252
Fax: (02)732-2037
출판등록 1977년 9월 16일 제406-2008-000007호

Copyright © 2020, 박신규

저자 및 출판사의 허락 없이 이 책의 일부 또는 전부를 무단 복제·전재·발췌할 수 없습니다. 구입 후 철회는 회사 내규에 부합하는 경우에 가능하므로 구입 문의처에 문의하시기 바랍니다. 분실·파손 등에 따른 소비자 피해에 대해서는 공정거래위원회에서 고시한 소비자 분쟁 해결 기준에 따라 보상 가능합니다. 잘못된 책은 바꿔 드립니다.

ISBN 978-89-277-0126-2 18740

http://www.darakwon.co.kr
다락원 홈페이지를 방문하시면 상세한 출판정보와 함께 동영상 강좌, MP3자료 등 다양한 어학 정보를 얻으실 수 있습니다.

청춘영어
직업 영어

박신규 지음

다락원

들어가는 글

외국인 손님이 온다!

한국을 방문하는 외국 여행객들이 늘어나고 있습니다. 미국, 중국, 일본, 태국, 베트남 등 다양한 나라에서 찾아오고 있죠. 요즘은 한국 노래 케이팝(K-POP)이나 한국 드라마 및 영화에 관심이 많아 한국을 찾아오는 사람들도 많습니다. 그만큼 식당이나 가게, 택시 등 직업 현장에서 외국인 손님을 만날 기회도 많아졌습니다. 따라서 이제 우리 가게를 찾아오는 외국인 손님을 맞이하려면 영어는 기본입니다. 꼭 미국 사람이 아니라고 해도 대부분의 손님들은 영어로 의사 전달을 하려고 하죠. 요즘 같은 무한 경쟁 시대에 영어로 손님을 응대할 수 있다면 큰 경쟁력이 될 수 있습니다.

직업 영어, 기본만 알면 통한다!

외국인 손님을 많이 만나는 분들을 직업별로 보면 정말 다양합니다. 식당이나 커피숍에서 일하시는 분들, 화장품 가게, 옷 가게나 시장에서 장사하시는 분들, 택시나 버스를 운전하시는 분들, 게스트하우스를 운영하시는 분들, 길을 안내하시는 관광안내원 등 일일이 열거하기조차 힘듭니다.

겨우 이 책 하나로 외국인 응대가 될까 하고 의구심을 가지실 수도 있을 겁니다. 하지만 손님을 응대하는 데 어려운 영어는 필요 없습니다. 그래서 '청춘영어: 직업영어' 책에서는 직업별로 꼭 필요한 패턴과 표현을 익혀 외국인 손님과 소통하는 데 어려움이 없도록 구성했습니다. 크게 '식당', '가게', '관광지', '숙박시설', '교통시설'에서 일하는 분들을 위해 파트를 나누었고 자신에게 필요한 부분을 먼저 학습할 수도 있습니다. 현재 직업이 외국인 손님과 마주칠 일이 없는 분들이라도, 직업별로 이런 영어 표현을 학습해 두면 경쟁력을 키울 수 있을 겁니다.

이제 일터로 가서 자신 있게 말해 보세요!

현장에서 영어를 강의하고 있다 보니 직업상 꼭 영어를 써야 하는 분들을 많이 뵙게 됩니다. 이런 분들이 실제로 원하는 영어 표현이 뭔지에 중점을 두고 이 책을 집필했습니다.

유창하게 영어를 구사할 수 있다면 물론 좋겠지만 꼭 그렇지 않아도 괜찮습니다. 짧은 영어 표현이라도 외국인 손님에게 말을 건네고, 서로 간단하게 의사소통할 수만 있다면 그것만으로 충분합니다. 영어를 통해 외국인 손님과 교류할 수 있다면 그것만큼 좋은 기회는 없을 겁니다.

아무쪼록 '청춘영어: 직업영어'가 영어회화 학습에 목말라 있는 분들에게 조금이나마 도움이 되었으면 하는 바람입니다. 저도 현장에서 더욱 열심히 강의하겠습니다.

박신규

이 책의 특징

일하는 시니어를 위한 쉬운 영어회화 책

가독성 높은 큰 글자, 쉽고 자세한 설명으로 50대 이상 시니어들에게 최적화된 학습 환경을 제공합니다. 실제 직업 현장에서 쓸 수 있는 표현을 패턴 50개로 정리해, 패턴에 표현만 바꿔 넣으면 영어에 익숙하지 않은 학습자도 쉽게 문장을 익힐 수 있습니다.

외국인 손님을 응대하는 다양한 상황별 표현

식당에서 음식 주문 받을 때, 가게에서 물건을 영업할 때, 숙박시설에 외국인 손님이 왔을 때, 영어로 길을 안내할 때 등 다양한 직업별로 외국인 손님을 만났을 때 쓸 수 있는 표현을 담았습니다. 대화문에서는 실제로 있을 법한 상황을 구체적으로 설정해, 실용적인 영어 표현을 익힐 수 있습니다.

실생활에 필요한 진짜 비즈니스 영어

영어 메뉴판 만들 때 쓸 수 있는 음식 이름, 가게를 홍보할 때 쓸 수 있는 문구, 게스트하우스의 안내판에 쓸 수 있는 표현 등 실생활에서 활용할 수 있는 다양한 자료를 함께 제공합니다. 외국인 손님이 많이 찾는 비즈니스 현장에서 직접 활용해 보세요.

학습을 도와주는 음성강의와 무료 테스트지

혼자 공부하기 힘든 학습자를 위해 저자 선생님의 친절한 무료 음성강의 25강을 제공합니다. 스마트폰으로 QR코드를 찍으면 쉽게 강의를 들을 수 있습니다. 각 유닛마다 공부한 내용을 확인해 볼 수 있는 연습문제도 다락원 홈페이지(www.darakwon.co.kr)에서 무료로 내려 받을 수 있으니 복습할 때 활용해 보세요.

이 책의 구성

기본 대화 말해 보기

두 개의 패턴이 들어간 짧은 대화문을 학습합니다. 실제 상황에서 유용하게 쓸 수 있는 핵심 패턴을 익힐 수 있습니다.

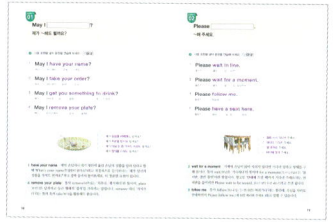

패턴 연습하기

앞에서 배운 패턴에 다양한 표현을 넣어 말하기 연습을 합니다. 실제 직업 현장에서 사용하는 다양한 문장을 익힐 수 있습니다.

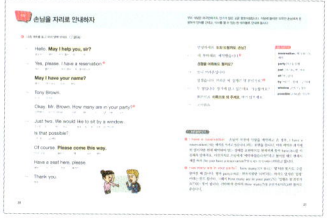

미션! 실제 대화 말해 보기

구체적인 상황을 설정해 긴 대화문을 학습합니다. '표현 들여다보기'에서는 중요한 표현을 심화 학습할 수 있습니다.

표현 더 알아두기

상황별로 알아두면 좋은 추가 표현을 익힙니다. 여기 나온 표현만 잘 익혀 둬도 외국인 손님과 의사소통할 수 있습니다.

특별 부록 알아두면 유용한 표현

추가적인 학습을 위한 보너스 코너입니다. 인사할 때, 감사할 때, 대답할 때 등 기본적으로 알아둬야 할 표현과 전화 받을 때 알아두면 좋은 표현을 모았습니다. 계산할 때 필수로 알아둬야 할 숫자와 금액을 나타내는 표현도 정리했으니 꼼꼼하게 공부해 보세요.

목차

식당·카페에서 일할 때

01 식당에서
자리 안내하기 · 16

02 식당에서
음식 주문받기 · 24

03 식당에서
메뉴 추천하기 · 32

04 식당에서
음식 서빙하기 · 40

05 식당에서
계산 진행하기 · 48

06 카페에서
커피 주문받기 · 56

패턴 01 도와 드릴까요, 손님?
패턴 02 이쪽으로 와 주세요.

패턴 03 밥과 국이 함께 나옵니다.
패턴 04 콜라와 사이다가 있습니다.

패턴 05 삼계탕을 추천합니다.
패턴 06 그거 약간 매워요.

패턴 07 기다려 주셔서 감사합니다.
패턴 08 음식 여기 나왔습니다.

패턴 09 어떻게 계산하시겠어요?
패턴 10 영수증 필요하세요?

패턴 11 무엇을 드리면 될까요?
패턴 12 어떤 사이즈로 하시겠어요?

가게에서 일할 때

07 가게에서
손님에게 다가가기 · 72

패턴 13 어떤 종류의 립스틱을 찾고 계세요?
패턴 14 이 립스틱 어떠세요?

08 가게에서
상품 설명하기 · 80

패턴 15 한국의 전통 직물로 만들었어요.
패턴 16 이게 가장 인기 있는 제품입니다.

09 가게에서
물건 계산해 주기 · 88

패턴 17 8만원입니다.
패턴 18 우리는 모든 주요 신용카드를 받습니다.

10 가게에서
물건 교환해 주기 · 96

패턴 19 그것에 무슨 문제라도 있나요?
패턴 20 제가 더 큰 사이즈로 가져다 드릴까요?

11 가게에서
물건 환불해 주기 · 104

패턴 21 그걸 교환하시겠어요?
패턴 22 영수증 있으세요?

관광지에서 일할 때

12 관광지 입구에서
관람 안내하기 · 118

패턴 23 표가 몇 장 필요하세요?
패턴 24 여기서 사진 촬영하시면 안 됩니다.

13 관광지에서	패턴 25	한국 민속촌에 오신 걸 환영합니다.
관광지 안내하기 · 126	패턴 26	우리는 양반의 저택을 방문할 겁니다.
14 관광안내소에서	패턴 27	어떤 장소를 방문하고 싶으세요?
관광 정보 제공하기 · 134	패턴 28	남대문 시장을 추천하고 싶습니다.
15 관광안내소에서	패턴 29	시장 입구를 보시게 될 거예요.
길 안내하기 · 142	패턴 30	지하철을 타시는 게 좋겠어요.
16 관광지에서	패턴 31	분실 신고를 하셔야 할 거예요.
위급상황 도와주기 · 150	패턴 32	근처에 경찰서가 있습니다.

숙박시설에서 일할 때

17 숙박시설에서	패턴 33	여권 좀 볼 수 있을까요?
투숙객 맞이하기 · 162	패턴 34	이 양식을 작성해 주시겠습니까?
18 숙박시설에서	패턴 35	프런트입니다.
서비스 제공하기 · 170	패턴 36	제가 즉시 가져다 드릴게요.
19 숙박시설에서	패턴 37	문제가 뭔가요?
객실 문제 해결하기 · 178	패턴 38	불편을 끼쳐 드려 죄송합니다.
20 숙박시설에서	패턴 39	숙박은 어떠셨어요?
투숙객 배웅하기 · 186	패턴 40	좋은 시간 보내셨어요?

교통시설에서 일할 때

21 택시에서 **손님 태우기** · 198		**패턴 41**	보통 30분 정도 걸립니다.
		패턴 42	이번이 한국 처음 방문이세요?
22 택시에서 **손님 내려 주기** · 206		**패턴 43**	어디 봅시다.
		패턴 44	좋은 하루 보내세요.
23 버스에서 **승객 태우기** · 214		**패턴 45**	요금통에 요금을 넣으시면 됩니다.
		패턴 46	거기 도착하면 알려드릴게요.
24 지하철역에서 **지하철 안내하기** · 222		**패턴 47**	지하철 2호선을 타시는 게 좋을 거예요.
		패턴 48	표 구입하는 거 도와 드릴까요?
25 기차역에서 **기차표 판매하기** · 230		**패턴 49**	정각 3시에 기차가 있어요.
		패턴 50	편도표와 왕복표 중 뭐로 하시겠어요?

특별 부록 알아두면 유용한 표현

꼭 알아둬야 할 기본 표현 · 240
상황별 전화 응대 표현 · 243
계산할 때 쓰는 숫자 표현 · 246

필수 패턴 미리보기

패턴 01 **May I** help you, sir? 도와 드릴까요, 손님?

패턴 02 **Please** come this way. 이쪽으로 와 주세요.

패턴 03 **It comes with** rice and soup. 밥과 국이 함께 나옵니다.

패턴 04 **We have** Coke and Sprite. 콜라와 사이다가 있습니다.

패턴 05 **I'd recommend** the *samgyetang*. 삼계탕을 추천합니다.

패턴 06 **It's** a little spicy. 그거 약간 매워요.

패턴 07 **Thank you for** waiting. 기다려 주셔서 감사합니다.

패턴 08 **Here is** your meal. 음식 여기 나왔습니다.

패턴 09 **How would you like** to pay? 어떻게 계산하시겠어요?

패턴 10 **Do you need** a receipt? 영수증 필요하세요?

패턴 11 **What can I** get you? 무엇을 드리면 될까요?

패턴 12 **Which** size **would you like**? 어떤 사이즈로 하시겠어요?

패턴 13 **What kind of** lipstick **are you looking for**? 어떤 종류의 립스틱을 찾고 계세요?

패턴 14 **How about** this lipstick? 이 립스틱 어떠세요?

패턴 15 **It's made of** traditional Korean fabric. 한국의 전통 직물로 만들었어요.

패턴 16 **This is the** most popular item. 이게 가장 인기 있는 제품입니다.

패턴 17 **It's** 80,000 **won**. 8만원입니다.

패턴 18 **We take** all major credit cards. 우리는 모든 주요 신용카드를 받습니다.

패턴 19 **Is there anything wrong with** it? 그것에 무슨 문제라도 있나요?

패턴 20 **Shall I** get you a larger size? 제가 더 큰 사이즈로 가져다 드릴까요?

패턴 21 **Would you like to** exchange it? 그걸 교환하시겠어요?

패턴 22 **Do you have** the receipt? 영수증 있으세요?

패턴 23 **How many** tickets **do you need**? 표가 몇 장 필요하세요?

패턴 24 **You're not allowed to** take pictures here. 여기서 사진 촬영하시면 안 됩니다.

패턴 25 **Welcome to** the Korean Folk Village. 한국 민속촌에 오신 걸 환영합니다.

| 패턴 26 | **We're going to** visit the nobleman's mansion. 우리는 양반의 저택을 방문할 겁니다.
| 패턴 27 | **Which** place **would you like to visit**? 어떤 장소를 방문하고 싶으세요?
| 패턴 28 | **I'd like to** recommend Namdaemun Market. 남대문 시장을 추천하고 싶습니다.
| 패턴 29 | **You will see** the market entrance. 시장 입구를 보시게 될 거예요.
| 패턴 30 | **I suggest that you** take the subway. 지하철을 타시는 게 좋겠어요.
| 패턴 31 | **You'll have to** report the loss. 분실 신고를 하셔야 할 거예요.
| 패턴 32 | **There is** a police station nearby. 근처에 경찰서가 있습니다.
| 패턴 33 | **May I see your** passport? 여권 좀 볼 수 있을까요?
| 패턴 34 | **Could you** fill out this form? 이 양식을 작성해 주시겠습니까?
| 패턴 35 | **This is** the front desk. 프런트입니다.
| 패턴 36 | **I'll** bring one right away. 제가 즉시 가져다 드릴게요.
| 패턴 37 | **What is** the problem? 문제가 뭔가요?
| 패턴 38 | **I'm sorry for** the inconvenience. 불편을 끼쳐 드려 죄송합니다.
| 패턴 39 | **How was your** stay with us? 숙박은 어떠셨어요?
| 패턴 40 | **Did you** have a good time? 좋은 시간 보내셨어요?
| 패턴 41 | **It usually takes about** 30 minutes. 보통 30분 정도 걸립니다.
| 패턴 42 | **Is this your first visit to** Korea? 이번이 한국 처음 방문이세요?
| 패턴 43 | **Let me** see. 어디 봅시다.
| 패턴 44 | **Have a** nice day. 좋은 하루 보내세요.
| 패턴 45 | **You can** put the fare in the fare box. 요금통에 요금을 넣으시면 됩니다.
| 패턴 46 | **I'll let you know** when we get there. 거기 도착하면 알려 드릴게요.
| 패턴 47 | **You should** take subway line 2. 지하철 2호선을 타시는 게 좋을 거예요.
| 패턴 48 | **Can I help you** buy a ticket? 표 구입하는 거 도와 드릴까요?
| 패턴 49 | **There is a train at** 3 o'clock. 정각 3시에 기차가 있어요.
| 패턴 50 | **Would you like** a one-way or round-trip ticket? 편도표와 왕복표 중 뭐로 하시겠어요?

식당·카페에서 일할 때

01 **식당에서** **자리 안내하기**
02 **식당에서** **음식 주문받기**
03 **식당에서** **메뉴 추천하기**
04 **식당에서** **음식 서빙하기**
05 **식당에서** **계산 진행하기**
06 **카페에서** **커피 주문받기**

WELCOME

01 식당에서 자리 안내하기

다음 대화를 듣고 따라 말해 보세요. 🎧 01-1

대화 A

나 **May I** help you, sir?
메이 아이 헬프 유 써

손님 Yes, I'd like to book a table.
예쓰 아이드 라익 투 북 어 테이블

대화 B

손님 Can we have a table for two?
캔 위 해브 어 테이블 포 투

나 Yes. **Please** come this way.
예쓰 플리즈 컴 디쓰 웨이

May I + 동사 ?

제가 ~해도 될까요?

조동사 may[메이]는 '~해도 된다'란 뜻으로 '허락'의 의미를 가지고 있습니다. 그래서 May I[메이 아이] + 동사?로 물어보면 '제가 ~해도 될까요?'라고 어떤 행동을 하기 전에 먼저 정중하게 허락을 구하는 표현이 되지요. '도와 드릴까요?'처럼 '~해 드릴까요?'를 우회적으로 돌려 말할 때도 많이 쓰는 표현입니다.

pattern 01 도와 드릴까요, 손님?
pattern 02 이쪽으로 와 주세요.

○ 식당 입구에서 손님을 친절하게 맞이하고 빈자리로 안내해 봅시다.

대화 A

나 　 도와 드릴까요, 손님?

손님 　 네, 자리를 예약하고 싶습니다.

대화 B

손님 　 두 명 앉을 자리 있나요?

나 　 네. 이쪽으로 와 주세요.

새로 나온 단어

help [헬프] 돕다

sir [써] 손님, 고객님
(남자 손님을 부르는 경칭)

book [북] 예약하다

table [테이블] 테이블, 식탁

come [컴] 오다

this [디쓰] 이, 이것

way [웨이] 쪽, 방향

단어 TIP

남자 손님을 정중히 부를 때는 sir[써]라는 경칭을 붙입니다. 반면 여자 손님은 ma'am[맴]이라는 경칭으로 부르지요.

Please + 동사 .

~해 주세요.

손님에게 예의를 갖춰 뭔가를 부탁할 때는 Please[플리즈] + 동사.로 말해 보세요. 동사로 문장을 시작하면 '~해라'라는 명령문이 되는데, 동사 앞에 please를 붙이면 의미가 부드러워져서 '~해 주세요'라는 부탁의 뜻이 됩니다.

17

May I _____?

제가 ~해도 될까요?

○ 다음 표현을 넣어 문장을 연습해 보세요. 🎧 01-2

1 **May I have your name?**
메이 아이 해브 유어 네임

2 **May I take your order?**
메이 아이 테익 유어 오더

3 **May I get you something to drink?**
메이 아이 겟 유 썸띵 투 드링크

4 **May I remove your plate?**
메이 아이 리무브 유어 플레잇

1 제가 **성함을 여쭤봐도** 될까요?
2 제가 **주문을 받아도** 될까요?
3 제가 **마실 것 좀 가져다 드려도** 될까요?
4 제가 **접시를 치워도** 될까요?

---

1 have your name   예약 손님이나 대기 명단에 올릴 손님의 성함을 알려 달라고 할 때 What's your name?(성함이 뭔가요?)라고 직접적으로 묻기보다는 '제가 당신의 성함을 가져도 될까요?'라고 살짝 돌려서 물어보세요. 더 정중한 표현이 됩니다.

4 remove your plate   동사 remove[리무브]는 '치우다, 제거하다'란 뜻이며, plate [플레잇]은 납작하고 둥근 형태의 '접시'를 가리키는 말입니다. remove 대신 '가져가다'라는 뜻의 동사 take[테익]을 활용해도 좋습니다.

Please _____.
~해 주세요.

○ 다음 표현을 넣어 문장을 연습해 보세요. 01-3

1   **Please wait in line.**
    플리즈   웨잇   인   라인

2   **Please wait for a moment.**
    플리즈   웨잇   포   어 모우먼트

3   **Please follow me.**
    플리즈   팔로우   미

4   **Please have a seat here.**
    플리즈   해브   어 씻   히어

1 줄을 서서 기다려 주세요.
2 잠시만 기다려 주세요.
3 절 따라와 주세요.
4 여기에 앉아 주세요.

2 **wait for a moment** 가게에 손님이 많아 자리가 없다면 기다려 달라고 양해를 구해 봅시다. 동사 wait[웨잇]은 '기다리다'란 뜻이며 for a moment[포 어 모우먼트]는 '잠시만, 잠깐 동안'이란 뜻입니다. 참고로 '안내해 드릴 때까지 기다려 주세요'라는 안내판을 붙이려면 Please wait to be seated.[플리즈 웨잇 투 비 씨티드]라고 쓰면 됩니다.

3 **follow me** 동사 follow[팔로우]는 '(~의 뒤를) 따라가다'라는 뜻인데, 손님을 자리로 안내하면서 Please follow me.(제 뒤를 따라와 주세요.)라고 말할 수 있습니다.

미션 손님을 자리로 안내하자

🔴 다음 대화를 듣고 따라 말해 보세요. 🎧 01-4

나 **Hello. May I help you, sir?**
헬로우 메이 아이 헬프 유 써

손님 Yes, please. I have a reservation.❶
예쓰 플리즈 아이 해브 어 레저베이션

나 **May I have your name?**
메이 아이 해브 유어 네임

손님 Tony Brown.
토니 브라운

나 Okay. Mr. Brown. How many are in your party?❷
오우케이 미스터 브라운 하우 메니 아 인 유어 파티

손님 Just two. We would like to sit by a window.
저스트 투 위 우드 라익 투 씻 바이 어 윈도우

Is that possible?
이즈 댓 파써블

나 Of course. **Please come this way.**
어브 코쓰 플리즈 컴 디쓰 웨이

Have a seat here, please.
해브 어 씻 히어 플리즈

손님 Thank you.
땡큐

우리 식당은 외국인에게도 인기가 많은 고급 한정식집입니다. 식당에 들어온 외국인 손님에게 친절하게 인사를 건네고, 식사를 할 수 있는 빈 테이블로 안내해 봅시다.

나	안녕하세요. **도와 드릴까요, 손님?**
손님	네, 부탁해요. 예약했습니다.❶
나	**성함을 여쭤봐도 될까요?**
손님	토니 브라운입니다.
나	알겠습니다. 브라운 씨. 일행은 몇 분인가요?❷
손님	두 명입니다. 창가에 앉고 싶은데요. 가능할까요?
나	물론이죠. **이쪽으로 와 주세요.** 여기 앉으세요.
손님	고마워요.

새로 나온 단어

reservation [레저베이션] 예약
party [파티] 일행
just [저스트] 딱, 바로
sit [씻] 앉다
by [바이] ~옆에, ~근처에
window [윈도우] 창문
possible [파써블] 가능한

• 표현 들여다보기

❶ **I have a reservation.** 손님이 사전에 식당을 예약하고 온 경우, I have a reservation.(저는 예약을 가지고 있습니다.)라는 표현을 씁니다. 비록 예약은 과거에 한 일이지만 현재 예약되어 있는 상태를 표현하므로 현재시제 동사 have[해브]를 사용해서 말하지요. 마찬가지로 손님에게 '예약하셨습니까?'라고 물어볼 때도 현재시제를 써서 Do you have a reservation?[두 유 해브 어 레저베이션]이라고 합니다.

❷ **How many are in your party?** how many[하우 메니]는 '몇'이란 뜻으로, 수를 물어볼 때 씁니다. 명사 party[파티]는 왁자지껄한 '파티'라는 의미도 있지만 '일행'이라는 뜻도 됩니다. 그래서 How many are in your party?는 '일행은 몇 분인가요?'라는 뜻이 됩니다. 간단하게 줄여서 How many?(몇 분인가요?)라고만 물어도 좋습니다.

식당에서: 자리 안내하기

🔊 이것쯤은 알아 듣자. 🎧 01-5

빈 자리 있어요?
Do you have any tables available?
두 유 해브 에니 테이블즈 어베일러블

➕ available[어베일러블]은 '이용할 수 있는'이란 뜻입니다. '지금은 빈 자리가 없습니다'라고 답할 때는 We don't have any tables available right now.[위 돈 해브 에니 테이블즈 어베일러블 라잇 나우]라고 말하면 됩니다.

얼마나 기다려야 되나요?
How long do I have to wait?
하우 롱 두 아이 해브 투 웨잇

➕ 같은 의미로 How long is the wait?[하우 롱 이즈 더 웨잇]이란 표현도 많이 씁니다. wait[웨잇]이 명사로는 '기다리는 시간'이라는 의미입니다.

두 명 자리 주세요.
A table for two, please.
어 테이블 포 투 플리즈

6시에 두 명 자리를 예약하고 싶어요.
I'd like to book a table for two at six, please.
아이드 라익 투 북 어 테이블 포 투 앳 씩스 플리즈

창가 쪽 자리로 부탁합니다.
Please give me a table near the window.
플리즈 기브 미 어 테이블 니어 더 윈도우

창가 쪽 자리에 앉을 수 있어요?
Can we get a table near the window?
캔 위 겟 어 테이블 니어 더 윈도우

식당을 방문한 손님에게 좋은 인상을 남기려면, 맛있는 음식도 중요하지만 친절하고 신속한 안내는 기본입니다. 당장 빈자리가 없을 때는 예상되는 대기 시간도 안내해 주세요.

이 정도는 말해 보자.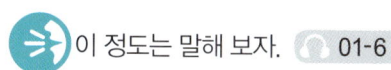

예약하셨습니까?
Did you make a reservation?
디드 유 메익 어 레저베이션

➕ 예약했는지 물어볼 때는 Do you have a reservation?[두 유 해브 어 레저베이션]이라고 해도 됩니다. make는 예약한 동작에 초점을 맞췄기 때문에 과거시제 Did를 쓰지만 have는 예약된 상태에 초점을 맞추므로 현재시제 Do를 씁니다.

10분 정도 기다리셔야 할 것 같아요.
I think you should wait for about 10 minutes.
아이 띵크 유 슈드 웨잇 포 어바웃 텐 미닛츠

자리가 준비되었습니다. 이쪽으로 오세요.
Your table is ready. This way, please.
유어 테이블 이즈 레디 디쓰 웨이 플리즈

원하시는 자리 아무 데나 앉으셔도 됩니다.
You can sit wherever you want to.
유 캔 씻 웨레버 유 원 투

➕ 한국에서는 보통 식당에 들어가면 알아서 빈자리에 앉지만, 직원이 자리를 안내해 주는 문화에 익숙한 외국인 손님은 당황해 할 수도 있습니다. 손님이 어디에 앉아야 좋을지 망설이고 있다면 다가가서 이렇게 말해 보세요.

제가 자리로 안내해 드리겠습니다.
Let me show you to the table.
렛 미 쇼우 유 투 더 테이블

이 자리 괜찮으세요?
Will this table be fine?
윌 디쓰 테이블 비 파인

02 식당에서 음식 주문받기

🎧 다음 대화를 듣고 따라 말해 보세요. 🎧 02-1

대화 A

손님 What does that come with?
     왓   더즈   댓   컴   위드

나   **It comes with** rice and soup.
     잇 컴즈 위드 라이쓰 앤 쑤웁

대화 B

손님 What kind of drinks do you have?
     왓   카인드 어브 드링쓰   두   유   해브

나   **We have** Coke and Sprite.
     위   해브   코욱   앤   스프라잇

It comes with + 명사 .
~가 함께 나옵니다.

함께 딸려 나오는 음식에 대해 좀 더 구체적으로 설명할 때 It comes with[잇 컴즈 위드] + 명사. 패턴을 사용할 수 있습니다. '(그건) ~가 함께 나옵니다'란 뜻으로, 명사 자리에 다양한 음식 이름을 넣어 말하면 되지요. 세트 메뉴에 뭐가 나오는지 설명할 때도 아주 유용하게 쓸 수 있는 패턴입니다.

 **밥과 국이 함께 나옵니다.**
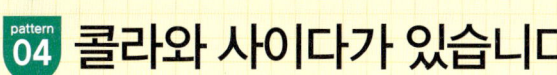 **콜라와 사이다가 있습니다.**

○ 음식 주문을 받으면서 메뉴에 어떤 음식이 있는지 구체적으로 설명해 봅시다.

• **대화 A**

손님: 그거에는 뭐가 같이 나오죠?

나: 밥과 국이 함께 나옵니다.

• **대화 B**

손님: 어떤 음료가 있나요?

나: 콜라와 사이다가 있습니다.

새로 나온 단어

come with [컴 위드]
~와 함께 나오다

rice [라이쓰] 쌀, 밥

soup [쑤웁] 국, 수프

kind [카인드] 종류

drink [드링크]
음료, 마시다

Coke [코욱] 콜라

Sprite [스프라잇]
사이다

단어 TIP

영어에서 탄산음료는 대표적인 제품 이름으로 말합니다. '콜라'는 Coca-Cola(코카콜라)의 줄임말인 Coke[코욱], '사이다'는 Sprite[스프라잇]이라고 하지요.

 ## We have + 명사 .

~가 있습니다.

식당에서 제공하는 메뉴 종류를 설명하고자 할 때는 We have[위 해브] + 명사. 패턴이 유용합니다. 직역하면 '우리는 ~를 가지고 있습니다'란 뜻인데, '~가 있습니다' 하고 가게에서 취급하는 음식이나 음료 이름을 알려 줄 때 쓸 수 있습니다.

It comes with ☐.

~가 함께 나옵니다.

○ 다음 표현을 넣어 문장을 연습해 보세요. 🎧 02-2

1 It comes with bread and a drink.
   잇   컴즈   위드   브레드   앤   어 드링크

2 It comes with soup.
   잇   컴즈   위드   쑤웁

3 It comes with grilled fish.
   잇   컴즈   위드   그릴드   피쉬

4 It comes with some side dishes.
   잇   컴즈   위드   썸   싸이드   디쉬즈

1 빵과 음료가 함께 나옵니다.
2 국이 함께 나옵니다.
3 생선구이가 함께 나옵니다.
4 몇 가지 반찬들이 함께 나옵니다.

---

3 grilled fish 형용사 grilled[그릴드]는 '석쇠에 구운'이라는 뜻으로, 구이 요리를 설명할 때 쓸 수 있는 단어입니다. 그래서 grilled fish[그릴드 피쉬]는 '석쇠에 구운 생선', 즉 '생선구이'란 뜻이 되지요.

4 some side dishes 한국 식당에서는 기본적으로 김치, 나물, 달걀말이 따위의 밑반찬이 주요리와 함께 제공되는데요, 주요리 옆에 놓이는 이런 '밑반찬'을 영어로 side dish[싸이드 디쉬]라고 합니다. side가 '옆, 곁', dish가 '요리'라는 뜻이지요.

We have _____.

~가 있습니다.

○ 다음 표현을 넣어 문장을 연습해 보세요. 02-3

1 We have **seafood dishes**.
　위　해브　씨푸드　디쉬즈

2 We have **rice and soup**.
　위　해브　라이쓰　앤　쑤웁

3 We have **coffee and green tea**.
　위　해브　커피　앤　그린　티

4 We have **various kinds of soup**.
　위　해브　베어리어쓰　카인즈　어브 쑤웁

1 해산물 요리들이 있어요.
2 밥과 국이 있어요.
3 커피와 녹차가 있어요.
4 다양한 종류의 국이 있어요.

1 seafood dishes '해산물'은 sea(바다)와 food(음식)를 합쳐 seafood[씨푸드]라고 합니다. 명사 dish[디쉬]에는 '접시'라는 뜻 외에도 '요리'라는 의미가 있어서 seafood dishes[씨푸드 디쉬즈]는 '해산물 요리들'이란 뜻이 되지요.

4 various kinds of soup soup[쑤웁]은 서양 요리에서 국물 위주로 먹는 '수프'를 가리키는데, 한국의 국물 요리인 '국'도 soup이라고 표현할 수 있습니다. various[베어리어쓰]는 형용사로 '다양한'이라는 뜻, kind[카인드]는 명사로 '종류'라는 뜻입니다.

미션 음식을 설명하고 주문을 받자

○ 다음 대화를 듣고 따라 말해 보세요. 🎧 02-4

나 **Excuse me, ma'am. Are you ready to order?**
익쓰큐즈 미 맴 아 유 레디 투 오더

손님 **No, not yet. I need a little more time.**
노우 낫 옛 아이 니드 어 리틀 모어 타임

나 **All right. Take your time.**❶
얼 라잇 테익 유어 타임

손님 **Excuse me. Does the grilled fish come with rice?**
익쓰큐즈 미 더즈 더 그릴드 피쉬 컴 위드 라이쓰

나 **Yes, it comes with rice and soup.**
예쓰 잇 컴즈 위드 라이쓰 앤 쑤웁

손님 **Okay. I'll have it then.**
오우케이 아일 해브 잇 덴

나 **Would you like anything to drink?**
우드 유 라익 에니띵 투 드링크
We have Coke and Sprite.
위 해브 코욱 앤 스프라잇

손님 **I'd like a Coke, please.**
아이드 라익 어 코욱 플리즈

나 **I'll bring it right away.**❷
아일 브링 잇 라잇 어웨이

메뉴판을 보고 있는 손님에게 다가가 음식 주문을 받으려고 합니다. 주문을 받으면서 우리 식당에서 제공하는 메뉴에 대해서도 구체적으로 설명해 봅시다.

나	실례지만, 손님. 주문하실 준비됐나요?
손님	아니요, 아직이요. 시간이 좀 더 필요해요.
나	알겠습니다. 천천히 주문하세요. ❶
손님	저기요. 생선구이는 밥과 함께 나오나요?
나	네, **밥과 국이 함께 나옵니다.**
손님	알겠어요. 그럼 그걸로 할게요.
나	마실 거 드릴까요? **콜라와 사이다가 있습니다.**
손님	콜라 한 잔 주세요.
나	바로 가져다 드릴게요. ❷

> **새로 나온 단어**
>
> **ma'am** [맴] 손님, 고객님
> (여자 손님을 부르는 경칭)
> **ready** [레디] 준비된
> **order** [오더] 주문하다
> **need** [니드] 필요하다
> **a little** [어 리틀] 약간, 좀
> **grilled** [그릴드] 석쇠에 구운
> **fish** [피쉬] 생선
> **bring** [브링] 가져다 주다
> **right away** [라잇 어웨이] 즉시, 곧바로

• 표현 들여다보기

❶ **Take your time.** 손님이 뭘 주문할지 결정하지 못하고 고민하고 있다면, 재촉하지 말고 Take your time.[테익 유어 타임]이라고 말해 보세요. 직역하면 '시간을 좀 가지세요'란 의미인데, 시간을 좀 두고 '천천히 주문하세요'라는 뜻으로 쓰는 표현입니다. 가게에서는 물건을 구경하고 있는 손님에게 '천천히 보세요'라는 의미로 쓸 수 있습니다.

❷ **I'll bring it right away.** 음료처럼 주문을 받은 후 바로 서빙할 수 있는 경우에는 이렇게 말해 보세요. 여기서 it[잇]은 방금 주문 받은 콜라를 가리키는 대명사이며, right away[라잇 어웨이]는 '즉시, 곧바로'란 뜻의 숙어입니다.

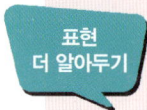

식당에서: 음식 주문받기

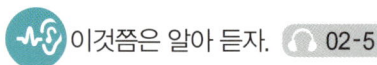 이것쯤은 알아 듣자. 02-5

메뉴판 좀 주시겠어요?
Can I get a menu, please?
캔   아이 겟   어 메뉴   플리즈

조금 있다 주문할게요.
I'll order a little later.
아일 오더   어 리틀   레이터

생선구이 주세요.
Can I have the grilled fish, please?
캔   아이 해브   더   그릴드   피쉬   플리즈

I'd like the grilled fish.
아이드 라익   더   그릴드   피쉬

I'll have the grilled fish.
아일 해브   더   그릴드   피쉬

The grilled fish, please.
더   그릴드   피쉬   플리즈

✚ 손님이 주문할 때 많이 쓰는 표현으로는 Can I have ~?(~를 먹을 수 있을까요?), I'd like ~.(~를 원합니다.), I'll have ~.(~를 먹겠습니다.)가 있습니다. 또는 간단하게 음식 이름 뒤에 please만 붙여서 말하기도 합니다. 이때 음식 이름 앞의 the[더]는 '(메뉴판에 있는) 그'라는 뜻입니다.

같은 걸로 주세요.
I'll have the same.
아일 해브   더   쎄임

✚ 같은 의미로 Same here.[쎄임 히어] 또는 Make that two, please.[메이크 댓 투 플리즈]라고도 합니다.

주문을 받을 때는 손님이 주문한 음식 이름을 잘 듣는 것이 가장 중요합니다. 만일을 위해 손님이 주문한 내용을 다시 한 번 확인하는 것도 잊지 마세요.

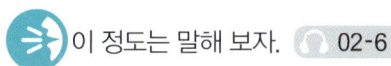 이 정도는 말해 보자.

메뉴판 여기 있습니다.
Here is the menu.
히어   이즈 더   메뉴

밥과 빵 중에 선택하실 수 있어요.
You can choose between rice and bread.
유   캔   추즈   비트윈   라이쓰 앤   브레드

이건 점심시간 한정 메뉴예요.
This is for lunchtime only.
디쓰   이즈 포   런취타임   오운리

죄송합니다만 그건 다 떨어졌어요.
Sorry, but we're all out of it.
쏘리   벗   위어   얼 아웃 어브 잇

✚ be out of[비 아웃 어브]는 '~가 바닥나다, ~가 다 떨어지다'라는 뜻입니다.

알겠습니다. 그러면 해산물 스파게티 하나와 콜라 한 잔, 맞죠?
Okay. So that's one seafood spaghetti and a Coke, right?
오우케이   쏘우 댓쓰   원   씨푸드   스퍼게티   앤   어 코욱   라잇

✚ 손님에게 주문받은 사항을 확인할 때는 So that's ~ 뒤에 손님이 주문한 메뉴 이름을 넣어 물어보세요. '맞죠?', '그렇죠?' 하고 상대방으로부터 동의를 구하고자 할 때는 right[라잇]을 활용합니다.

그게 전부인가요? (주문 다 하셨나요?)
Is that all?
이즈 댓   얼

03 식당에서
메뉴 추천하기

🔊 다음 대화를 듣고 따라 말해 보세요. 🎧 03-1

대화 A

손님 What's good here?
     왓쓰 굿 히어

나   **I'd recommend** the *samgyetang*.
     아이드 레커멘드   더   삼계탕

대화 B

손님 Is that spicy?
     이즈 댓 스파이씨

나   Well, **it's** a little spicy.
     웰   잇쓰 어 리틀 스파이씨

I'd recommend + 명사 .
~를 추천합니다.

어떤 음식을 주문할지 고민하는 손님에게 음식을 추천할 때는 '추천하다'라는 뜻의 동사 recommend[레커멘드]를 활용해서 I'd recommend[아이드 레커멘드] + 명사.로 말해 보세요. I'd[아이드]는 I would[아이 우드]의 줄임말인데, 정중하게 무언가를 권할 때 would[우드]를 사용합니다.

삼계탕을 추천합니다.
 그거 약간 매워요.

○ 한국 음식에 익숙하지 않은 외국인 손님에게 우리 식당에서 자신 있는 음식을 추천하고 맛이 어떤지도 설명해 봅시다.

대화 A

- 손님: 여긴 뭐가 맛있어요?
- 나: 삼계탕을 추천합니다.

대화 B

- 손님: 그거 매운가요?
- 나: 음, 그거 약간 매워요.

새로 나온 단어

good [굿] (맛이) 좋은
recommend [레커멘드] 추천하다
spicy [스파이씨] 매운

단어 TIP

한국 음식 중에는 매운 음식이 참 많죠? spice[스파이쓰]는 '양념, 향신료'란 뜻인데 양념이 많이 들어가서 매운 맛을 spicy[스파이씨]라고 합니다. '뜨거운'이란 뜻의 hot[핫]에도 '매운'이란 뜻이 있습니다.

 **It's + 형용사 .**

그것은 (맛이) ~합니다.

음식의 맛이나 식감을 설명할 때는 '그것'이라는 뜻의 it[잇]을 주어로 해서 It's[잇쓰] + 형용사.로 말해 보세요. It's는 It is의 줄임말로 '그것은 ~하다'라는 뜻입니다. 뒤에 맛을 묘사하는 형용사를 넣어 음식 맛이 어떠하다고 말할 수 있어요. 형용사 앞에 so[쏘우: 아주], very[베리: 매우], a little[어 리틀: 조금]을 넣어 다양하게 말해 보세요.

pattern 05

I'd recommend _____.

~를 추천합니다.

○ 다음 표현을 넣어 문장을 연습해 보세요. 🎧 03-2

1 I'd recommend the fried chicken.
아이드 레커멘드   더   프라이드   치킨

2 I'd recommend the grilled ribs.
아이드 레커멘드   더   그릴드   립쓰

3 I'd recommend the kimchi stew.
아이드 레커멘드   더   김치   스투

4 I'd recommend the Korean cold noodles.
아이드 레커멘드   더   코리언   코울드   누들즈

1 **닭튀김**을 추천합니다.
2 **갈비구이**를 추천합니다.
3 **김치찌개**를 추천합니다.
4 **냉면**을 추천합니다.

---

1 the fried chicken 튀긴 닭 요리를 '후라이드 치킨'이라고 하는데요, '후라이드'는 fried[프라이드]를 소리나는 대로 옮긴 것으로 '튀긴'이란 뜻이고 chicken[취킨]은 '닭고기'를 뜻합니다.

3 the kimchi stew stew[스투]는 고기나 야채 같은 건더기를 넣고 푹 끓인 진한 국물 요리인데, 한국의 찌개와 비슷합니다. 그래서 김치찌개나 된장찌개 같은 찌개 요리를 설명할 때 stew라고 하면 외국인들도 어떤 요리인지 이해하기 쉽습니다.

pattern 06

It's _____.

그것은 (맛이) ~합니다.

○ 다음 표현을 넣어 문장을 연습해 보세요. 🎧 03-3

1 It's crispy.
　　잇쓰　크리스피

2 It's sweet.
　　잇쓰　스윗

3 It's a little sour.
　　잇쓰　어 리틀　싸워

4 It's so chewy.
　　잇쓰　쏘우 추이

1 그것은 **바삭바삭**합니다.
2 그것은 **달콤**합니다.
3 그것은 **약간 새콤**합니다.
4 그것은 **아주 쫀득쫀득**합니다.

1 crispy   누룽지나 과자처럼 '바삭바삭한' 음식이나 사과와 오이처럼 '아삭아삭한' 과일과 야채의 식감을 나타낼 때 crispy[크리스피]라는 단어를 씁니다.

4 chewy   chew[추]는 동사로 '씹다'라는 뜻인데, 꼭꼭 씹어 먹어야 하는 '쫀득쫀득한, 쫄깃한' 식감을 표현할 때 chewy[추이]라는 형용사를 씁니다. 떡볶이, 찹쌀떡 같은 떡 종류나 쫄면, 마른 오징어, 곱창 같은 음식을 설명할 때 쓸 수 있는 단어지요. 서양 사람들은 질기다고 생각하는 식감을 나타내는 표현입니다.

손님에게 음식을 추천하자

🔊 다음 대화를 듣고 따라 말해 보세요. 🎧 03-4

손님 Excuse me. What is your specialty here?

나 Our specialty is *bulgogi*.❶

손님 How does it taste? Is it good?

나 **It's a little spicy**, but it tastes good.

손님 Well, I don't like spicy food.
What do you recommend?

나 Then **I'd recommend the *samgyetang*.**

손님 What kind of dish is it?

나 It's chicken soup boiled with ginseng.

손님 Okay. I'll have that one.❷

외국인 손님이 메뉴판을 보며 뭘 주문할지 고민하고 있습니다. 손님 입맛에 맞을 만한 우리 식당의 특별 요리를 추천해 봅시다.

손님	저기요. 여긴 뭘 전문으로 하나요?
나	저희는 불고기 요리가 전문이에요. ❶
손님	그거 맛은 어때요? 맛있나요?
나	**그건 약간 맵**지만 맛있어요.
손님	음, 전 매운 음식을 안 좋아하는데요. 무엇을 추천하시겠어요?
나	그러면 **삼계탕을 추천합니다.**
손님	그건 어떤 요리인가요?
나	인삼과 함께 끓인 닭고기 수프예요.
손님	좋아요. 그걸로 주세요. ❷

새로 나온 단어

specialty [스페셜티] 전문 요리, 특산품
taste [테이스트] 맛이 ~하다
dish [디쉬] 요리, 접시
chicken [취킨] 닭고기
boiled [보일드] 끓인
ginseng [쥔셍] 인삼
have [해브] 먹다, 마시다

• 표현 들여다보기

❶ **Our specialty is *bulgogi*.** specialty[스페셜티]는 '(식당의) 전문 요리'를 뜻합니다. 불고기 전문점이나 장어구이 전문점처럼 식당에서 전문으로 다루는 요리가 있을 때는 Our specialty is[아워 스페셜티 이즈] ~. 뒤에 요리 이름을 넣어서 말해 보세요. '우리의 전문 요리는 ~입니다', 즉 '우리는 ~가 전문입니다'라는 뜻입니다.

❷ **I'll have that one.** 여기서 동사 have[해브]는 '가지고 있다'라는 뜻이 아닌 '먹다'라는 의미로 쓴 것입니다. 추천받은 음식이 손님의 마음에 들었다면 그걸 달라는 의미로 I'll have that one.(그걸 먹겠습니다.)이라고 말할 수 있어요. 처음 먹어 보는 음식을 한 번 먹어 보겠다고 할 때는 '시도하다'라는 뜻의 try[트라이]를 써서 I'll try that one.[아일 트라이 댓 원]이라고 할 수 있습니다.

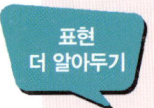
식당에서: 메뉴 추천하기

🎧 이것쯤은 알아 듣자.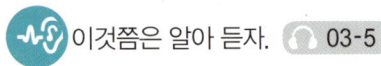

오늘의 특별 요리는 뭔가요?
What's the special today?
왓쓰   더   스페셜   투데이

여기서 제일 인기 있는 요리가 뭔가요?
What is the most popular dish here?
왓   이즈 더   모우스트   파퓰러   디쉬   히어

주요리로 뭘 추천하시겠어요?
What do you recommend for a main dish?
왓   두 유   레커멘드   포   어 메인   디쉬

추천하실 만한 게 있을까요?
Do you have any recommendations?
두 유   해브   에니   레커멘데이션즈

✚ recommendation[레커멘데이션]은 명사로 '추천'이라는 뜻입니다. 대신 '제안'이라는 뜻의 suggestions [써줴스쳔즈]를 넣어 말해도 같은 뜻입니다.

뭘 먹어야 할지 결정 못 하겠어요.
I can't decide what to eat.
아이 캔트   디싸이드   왓   투 잇

저 사람들이 먹고 있는 건 뭔가요?
What are they having over there?
왓   아 데이   해빙   오버   데어

한국 음식을 처음 접하는 외국인 손님이라면 메뉴판만 봐서는 주문할 음식을 선택하기 힘듭니다. 이때는 손님의 취향에 맞을 만한 음식을 적극적으로 추천해 보세요.

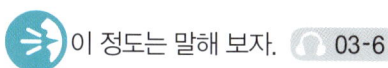 이 정도는 말해 보자.

된장찌개 드셔 보시면 어때요?
Why don't you try the soybean paste stew?
와이 던 유 트라이 더 써이빈 페이스트 스투

+ '된장'을 soybean paste라고 합니다. soybean은 '콩, 대두'라는 뜻이고, paste는 '반죽'을 뜻해요. '고추장'은 red pepper paste[레드 페퍼 페이스트]라고 합니다.

이 요리를 적극 추천합니다.
I would highly recommend this dish.
아이 우드 하일리 레커멘드 디쓰 디쉬

이 음식은 주방장이 추천하는 겁니다.
This food is the chef's recommendation.
디쓰 푸드 이즈 더 쉐프스 레커멘데이션

냉면은 인기 있는 한국 음식이에요.
Naengmyeon is a popular Korean dish.
냉면 이즈 어 파퓰러 코리언 디쉬

비빔밥이 아주 맛있습니다. 맘에 드실 거예요.
Bibimbap is very good. You'll like it.
비빔밥 이즈 베리 굿 유일 라익 잇

매운 음식 좋아하세요?
Do you like spicy food?
두 유 라익 스파이씨 푸드

+ 외국인 중에는 매운 음식을 잘 먹지 못하는 사람도 많습니다. 음식을 추천하기 전에 손님의 취향을 확인해 보세요.

04 식당에서
음식 서빙하기

🎧 다음 대화를 듣고 따라 말해 보세요. 🎧 04-1

대화 A

나　**Thank you for** waiting.
　　땡큐　　포　웨이팅

손님　My pleasure.
　　마이　플레줘

대화 B

나　**Here is** your meal.
　　히어　이즈 유어　미일

손님　Thank you.
　　땡큐

Thank you for + 명사 / 동명사 **.**
~에 감사 드립니다. / ~해 주셔서 감사합니다.

'감사합니다'라는 인사는 Thank you.[땡큐]라고 하는데요, 손님에게 감사를 표할 때는 구체적으로 어떤 것에 대해 감사한지 말할 수 있다면 더욱 좋습니다. 이때 Thank you for[땡큐 포] + 명사/동명사. 표현을 사용하지요. 전치사 for[포] 다음에는 명사나 동사 뒤에 ing가 붙는 형태의 동명사가 올 수 있습니다.

pattern 07 기다려 주셔서 감사합니다.
pattern 08 음식 여기 나왔습니다.

● 완성된 음식을 손님에게 가져다 주면서 대화할 때 쓸 수 있는 표현을 익혀 봅시다.

새로 나온 단어

wait [웨잇] 기다리다
pleasure [플레줘] 즐거움, 기쁨
here [히어] 여기에
meal [미일] 음식, 식사

대화 A

나   기다려 주셔서 감사합니다.

손님   천만에요.

대화 B

나   음식 여기 나왔습니다.

손님   고마워요.

단어 TIP

감사 인사를 들었을 때에는 '천만에요'라는 의미로 My pleasure.[마이 플레줘]라고 답할 수 있습니다. '(감사를 들으니) 제가 오히려 기쁘네요'란 의미입니다.

Here is + 명사 .

~가 여기 나왔습니다.

손님이 주문한 음식을 서빙할 때는 Here is[히어 이즈] + 명사.를 활용해서 말해 봅시다. here는 '여기에'라는 뜻으로, 명사 자리에 손님이 주문한 음식 이름을 넣어 말하면 '~가 여기 나왔습니다'라는 의미로 쓸 수 있습니다. 상대방에게 물건을 건네주면서 '여기 ~입니다'라고 할 때도 많이 쓰는 표현입니다.

Thank you for ☐.
~에 감사 드립니다. / ~해 주셔서 감사합니다.

○ 다음 표현을 넣어 문장을 연습해 보세요. 🎧 04-2

1 **Thank you for your order.**
   땡큐   포   유어   오더

2 **Thank you for your call.**
   땡큐   포   유어   콜

3 **Thank you for coming here.**
   땡큐   포   커밍   히어

4 **Thank you for visiting us again.**
   땡큐   포   비지팅 어쓰 어겐

1 주문에 감사 드립니다.
2 전화에 감사 드립니다.
3 이곳에 와 주셔서 감사합니다.
4 저희를 다시 방문해 주셔서 감사합니다.

2 your call call[콜]은 동사로는 '전화하다', 명사로는 '전화하기'라는 뜻입니다. Thank you for calling.[땡큐 포 콜링]이라고 해도 좋습니다.

4 visiting us again 예전에 왔던 손님이 다시 찾아왔을 때는 감사의 한마디를 건네 보세요. 동사 visit[비짓]은 '방문하다'라는 뜻인데, 전치사 for[포] 뒤에는 동명사 형태로 써야 하므로 visiting[비지팅]이 되었습니다. us[어쓰]는 '우리를'이란 뜻인데 식당 전체를 통틀어 '우리'라고 지칭한 것입니다.

Here is ☐.

~가 여기 나왔습니다.

○ 다음 표현을 넣어 문장을 연습해 보세요. 🎧 04-3

1 **Here is your steak.**
  히어 이즈 유어 스테이크

2 **Here is your drink.**
  히어 이즈 유어 드링크

3 **Here is your food.**
  히어 이즈 유어 푸드

4 **Here is what you ordered.**
  히어 이즈 왓 유 오더드

1 **스테이크** 여기 나왔습니다.
2 **음료** 여기 나왔습니다.
3 **음식** 여기 나왔습니다.
4 **주문하신 것** 여기 나왔습니다.

2 **your drink** 동사로 drink[드링크]는 '마시다'란 뜻이지만 명사로는 '마실 것, 음료'를 뜻합니다. coffee(커피)처럼 서빙하는 음료 이름을 넣어 말할 수도 있어요.

4 **what you ordered** 여기서 what[왓]은 '무엇'이 아니라 '(~한) 것'이란 뜻으로, 손님이 주문한 음식을 가리키는 말입니다. 한편 동사 order[오더]는 '주문하다'라는 뜻인데 ordered[오더드]는 과거형으로 '주문했다'란 뜻이 됩니다. 그래서 what you ordered라고 하면 '당신이 주문하셨던 것'이란 뜻이지요.

미션 손님에게 음식을 서빙하자

🔊 다음 대화를 듣고 따라 말해 보세요. 04-4

나 **Thank you for waiting. Here is your meal.**
땡큐 포 웨이팅 히어 이즈 유어 미일

손님 Thank you. Wow, it looks good!
땡큐 와우 잇 룩쓰 굿

나 Be careful. The plate is hot.
비 케어풀 더 플레잇 이즈 핫

손님 Oh, I see.
오우 아이 씨

나 Enjoy your meal.❶
인조이 유어 미일

손님 Um, excuse me!
엄 익쓰큐즈 미

I don't think I ordered the side dishes.
아이 던 띵크 아이 오더드 더 싸이드 디쉬즈

나 Oh, they are all included in the price of the meal.❷
오우 데이 아 얼 인클루디드 인 더 프라이쓰 어브 더 미일

손님 Really? That sounds great.
리얼리 댓 싸운즈 그레잇

손님이 주문한 떡갈비가 드디어 완성되었습니다. 완성된 요리를 테이블에 내려놓으면서 손님과 대화를 나누어 봅시다.

나	**기다려 주셔서 감사합니다. 음식 여기 나왔습니다.**
손님	고마워요. 와, 맛있어 보이는군요!
나	조심하세요. 그릇이 뜨겁습니다.
손님	오, 알겠습니다.
나	맛있게 드세요. ❶
손님	저, 잠깐만요! 반찬은 주문하지 않았던 것 같은데요.
나	아, 그것들은 모두 음식 값에 포함되어 있습니다. ❷
손님	정말요? 그거 잘됐네요.

새로 나온 단어

look [룩] ~하게 보이다
careful [케어풀] 조심스러운, 주의 깊은
plate [플레잇] 접시, 그릇
hot [핫] 뜨거운, 더운
enjoy [인조이] 즐기다
order [오더] 주문하다
side dish [싸이드 디쉬] 반찬
include [인클루드] 포함하다
really [리얼리] 정말

• 표현 들여다보기

❶ **Enjoy your meal.** 동사 enjoy[인조이]는 '즐기다'라는 뜻인데요, 손님에게 음식을 서빙한 후, 인사말로 '맛있게 드세요'라고 할 때 Enjoy your meal.(식사를 즐기세요.)이라는 표현을 씁니다. 식사 중간에 '식사는 괜찮으세요?'라고 할 때도 enjoy를 써서 Are you enjoying your meal?[아 유 인조잉 유어 미일]이라고 하지요.

❷ **Oh, they are all included in the price of the meal.** 한국 식당에서는 음식을 주문하면 기본적인 반찬은 모두 무료로 제공됩니다. 이런 문화에 익숙하지 않은 외국인 손님이 당황한다면 반찬이 음식 값(the price of the meal)에 이미 포함되어 있다고 말하면 됩니다. include[인클루드]는 '포함하다'라는 뜻의 동사입니다. 또는 '그것들은 무료입니다'라는 뜻의 They're free of charge.[데이어 프리 어브 촤쥐]라고 말해도 좋습니다.

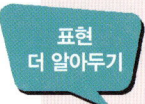

식당에서: 음식 서빙하기

🔊 이것쯤은 알아 듣자.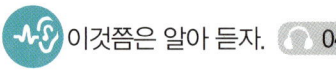

이거 주문 안 했는데요.
I didn't order this.
아이 디든트   오더   디쓰

제가 주문한 음식이 아니에요.
This is not what I ordered.
디쓰   이즈 낫   왓   아이 오더드

물 좀 갖다 주시겠어요?
Would you please get me some water?
우드   유   플리즈   겟   미   썸   워터

✚ 상대방에게 정중하게 '~해 주시겠어요?' 하고 부탁할 때 Would you please[우드 유 플리즈] + 동사?로 말합니다.

물 좀 더 주시겠어요?
Could I have more water, please?
쿠드   아이 해브   모어   워터   플리즈

포크 좀 주시겠어요?
Could I have a fork?
쿠드   아이 해브   어   포크

이거 먹는 법 좀 알려 주시겠어요?
Could you tell me how to eat this?
쿠드   유   텔   미   하우   투   잇   디쓰

✚ 외국 사람들에게 생소한 음식이라면 먹는 방법을 설명해 주세요. 예를 들어 '소스에 찍어 드세요'는 Dip it in the sauce.[딥 잇 인 더 쎄쓰]라고 합니다.

완성된 음식을 서빙할 때는 테이블에 음식을 내려놓으면서 어떤 요리인지 설명해 주면 좋습니다.
'물은 셀프' 등 한국의 식당 문화에 익숙하지 않은 손님들을 위한 표현도 잘 익혀 두세요.

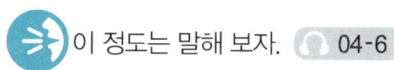 이 정도는 말해 보자. 04-6

어떤 분이 볶음밥 주문하셨죠?
Who ordered the fried rice?
후   오더드   더   프라이드 라이쓰

여기 나왔습니다. 불고기입니다.
Here you go. This is the *bulgogi*.
히어 유 고우 디쓰 이즈 더 불고기

이 요리는 비빔밥이라고 합니다.
This dish is called *bibimbap*.
디쓰 디쉬 이즈 컬드 비빔밥

물은 셀프입니다. (물은 직접 갖다 드셔야 합니다.)
You have to get your own water
유 해브 투 겟 유어 오운 워터

+ self[셀프]라는 단어는 '자신의'라는 뜻이므로, '물은 셀프입니다'를 Water is self.라고 하면 틀립니다. 위의 문장처럼 '물은 직접 갖다 드셔야 합니다'처럼 표현하면 좋습니다.

반찬은 무료입니다.
The side dishes are free of charge.
더 싸이드 디쉬즈 아 프리 어브 촤쥐

+ free of charge[프리 어브 촤쥐]는 '무료로, 공짜의'라는 뜻입니다.

그밖에 필요한 게 있으면 벨을 누르세요.
If you need anything else, just press the bell.
이프 유 니드 에니띵 엘쓰 저스트 프레쓰 더 벨

05 식당에서 계산 진행하기

다음 대화를 듣고 따라 말해 보세요. 🎧 05-1

대화 A

나: **How would you like** to pay?
하우 우드 유 라익 투 페이

손님: I'll pay by credit card.
아일 페이 바이 크레딧 카드

대화 B

나: **Do you need** a receipt?
두 유 니드 어 리씻

손님: Yes, please.
예쓰 플리즈

How would you like + to 동사 / 명사 ?

어떻게 ~하시겠어요? / ~를 어떻게 해 드릴까요?

How would you like to[하우 우드 유 라익 투] + 동사?는 직역하면 '어떻게 ~하는 것을 좋아하세요?'라는 뜻인데, '어떻게 ~하시겠어요?'라고 정중하게 선호도를 물어보는 표현입니다. 한편, How would you like[하우 우드 유 라익] + 명사?는 '~를 어떻게 좋아하세요?'가 직역이지만 실제로는 '~를 어떻게 해 드릴까요?'라는 뜻입니다.

어떻게 계산하시겠어요?
 영수증 필요하세요?

○ 식사를 마친 손님이 계산대에 음식 값을 계산하러 왔을 때 쓸 수 있는 표현을 익혀 봅시다.

새로 나온 단어

pay [페이]
계산하다, 돈을 지불하다

credit card
[크레딧 카드] 신용카드

receipt [리씻] 영수증

• 대화 A

나   어떻게 계산하시겠어요?

손님   신용카드로 계산할게요.

• 대화 B

나   영수증 필요하세요?

손님   네, 주세요.

단어 TIP

credit card[크레딧 카드]는 이용 대금이 나중에 통장에서 빠져나가는 '신용카드'이며, 바로 결제되는 '체크카드, 직불카드'는 debit card [데빗 카드]라고 합니다.

Do you need + 명사 ?

~가 필요하세요?

need[니드]는 '필요하다'라는 뜻의 동사입니다. 그래서 Do you need[두 유 니드] + 명사?로 물으면 '~가 필요하세요?'라는 의미가 되지요. 식사 중에 손님에게 추가로 필요한 게 있는지 확인할 때도 아주 유용하게 쓸 수 있는 표현입니다.

How would you like ⬜ ?

어떻게 ~하시겠어요? / ~를 어떻게 해 드릴까요?

○ 다음 표현을 넣어 문장을 연습해 보세요. 🎧 05-2

1 **How would you like to change your reservation?**
  하우 우드 유 라익 투 췌인쥐 유어 레저베이션

2 **How would you like to pay for this?**
  하우 우드 유 라익 투 페이 포 디쓰

3 **How would you like your steak?**
  하우 우드 유 라익 유어 스테익

4 **How would you like your chicken?**
  하우 우드 유 라익 유어 취킨

1 어떻게 **예약을 변경**하시겠어요?
2 어떻게 **이걸 계산**하시겠어요?
3 **스테이크**를 어떻게 해 드릴까요?
4 **치킨**을 어떻게 해 드릴까요?

---

2 **to pay for this** pay for[페이 포]는 '~의 값을 지불하다'라는 뜻입니다. 예를 들어 pay for your meal[페이 포 유어 미일]은 '식사 값을 지불하다', pay for your ticket[페이 포 유어 티킷]은 '표 값을 지불하다'라는 뜻이 됩니다.

3 **your steak** 손님에게 스테이크를 얼마나 익혀야 할지 확인해야 하는 경우가 있습니다. 많이 익힌 정도부터 well-done[웰 던], medium well[미디엄 웰], medium[미디엄], medium rare[미디엄 레어], rare[레어]가 있습니다.

Do you need ☐ ?
~가 필요하세요?

○ 다음 표현을 넣어 문장을 연습해 보세요. 🎧 05-3

1 Do you need more napkins?
두 유 니드 모어 냅킨즈

2 Do you need a to-go box?
두 유 니드 어 투 고우 박쓰

3 Do you need an English menu?
두 유 니드 언 잉글리쉬 메뉴

4 Do you need anything else?
두 유 니드 에니띵 엘쓰

1 냅킨이 더 필요하세요?
2 음식 담아갈 용기가 필요하세요?
3 영어 메뉴판이 필요하세요?
4 뭐 다른 것이 필요하세요?

2 a to-go box 손님이 먹다 남은 음식을 포장해서 가지고 가는 경우도 있습니다. to-go box[투 고우 박쓰]는 직역하면 '가져갈 상자'라는 뜻인데, 음식을 포장해서 가져갈 수 있는 '포장 그릇, 담아갈 용기'를 이렇게 말합니다.

4 anything else 주문을 마친 손님에게 '뭐 다른 거 주문하실 건 없으세요?'라고 확인하고 싶을 때 '그밖에 또 무엇인가'라는 뜻의 anything else[에니띵 엘쓰]를 활용할 수 있습니다. 간단하게 Anything else?(뭐 다른 건요?)라고만 물어봐도 좋습니다.

미션 식사를 마친 손님의 계산을 진행하자

○ 다음 대화를 듣고 따라 말해 보세요. 🎧 05-4

나 How was your dinner?
하우 워즈 유어 디너

손님 It was great. Thanks. How much is it?
잇 워즈 그레잇 땡쓰 하우 머취 이즈 잇

나 It's 18,000 won. **How would you like to pay?**
잇쓰 에잇틴 따우전드 원 하우 우드 유 라익 투 페이

Will that be cash or charge?❶
윌 댓 비 캐쉬 오어 촤쥐

손님 I'll pay in cash.❷
아일 페이 인 캐쉬

나 Okay. **Do you need a receipt?**
오우케이 두 유 니드 어 리씻

손님 No, there's no need.
노우 데어즈 노우 니드

나 I see. Here is your change.
아이 씨 히어 이즈 유어 췌인쥐

Have a good day.
해브 어 굿 데이

52

맛있게 식사를 마친 손님이 계산대로 와서 음식 값을 지불하려고 합니다. 식사가 어땠는지 감상을 물어보고 계산을 진행해 봅시다.

나　　저녁 식사는 어떠셨나요?

손님　훌륭했어요. 고마워요. 얼마죠?

나　　만팔천 원입니다. **어떻게 계산하시겠어요?**
　　　현금인가요, 아니면 카드인가요?❶

손님　현금으로 계산할게요.❷

나　　알겠습니다. **영수증 필요하세요?**

손님　아니요, 필요 없습니다.

나　　그렇군요. 잔돈 여기 있습니다.
　　　좋은 하루 보내세요.

새로 나온 단어

dinner [디너] 저녁 식사
great [그레잇] 훌륭한
cash [캐쉬] 현금
charge [촤쥐] 청구 금액
change [췌인쥐] 잔돈

• 표현 들여다보기

❶ **Will that be cash or charge?**　손님에게 현금으로 계산할 건지, 아니면 카드로 계산할 건지 묻고 싶다면 Will that be cash or charge?[윌 댓 비 캐쉬 오어 촤쥐]라고 합니다. cash[캐쉬]는 '현금'이란 뜻이고, charge[촤쥐]는 여기서 '신용카드'를 뜻합니다. 간단히 줄여서 Cash or charge?[캐쉬 오어 촤쥐]라고만 물어봐도 좋습니다.

❷ **I'll pay in cash.**　pay는 '(값을) 지불하다'라는 뜻의 동사로, '현금으로 지불하다'는 pay in cash[페이 인 캐쉬]라고 합니다. 반대로 '신용카드로 계산하다'는 pay by credit card[페이 바이 크레딧 카드]라고 하지요.

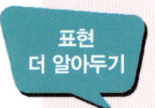

식당에서: 계산 진행하기

🎧 이것쯤은 알아 듣자. 🎧 05-5

계산서 주시겠어요?
May I have the check[bill], please?
메이 아이 해브 더 췌크[빌] 플리즈

➕ 미국에서는 '계산서'를 check[췌크]라고 하는데 영국에서는 bill[빌]이라고도 합니다. '계산서 부탁해요'를 간단하게 Check, please.[췌크 플리즈] 또는 Bill, please.[빌 플리즈]라고도 하지요.

여기서 계산하나요, 아니면 계산대에서 하나요?
Do I pay here or at the register?
두 아이 페이 히어 오어 앳 더 레쥐스터

➕ register[레쥐스터]는 cash register[캐쉬 레쥐스터]를 말하는데 '금전 등록기', 즉 '계산대'를 뜻하는 단어입니다.

카드 결제 되나요?
Can I use a credit card?
캔 아이 유즈 어 크레딧 카드

각자 나눠서 계산할 수 있을까요?
Can we pay separately?
캔 위 페이 쎄퍼러틀리

각자 계산해 주실 수 있을까요?
Could you split the bill?
쿠드 유 스플릿 더 빌

➕ split[스플릿]은 '나누다'라는 뜻인데요, '각자 나눠서 계산하다'를 split the bill[스플릿 더 빌]이라고 합니다.

영수증 주시겠어요?
Can I have a receipt, please?
캔 아이 해브 어 리씻 플리즈

손님이 계산대로 계산서를 가지고 오면 음식이 입에 맞았는지 자연스럽게 물어보면서 계산을 진행해 봅시다.

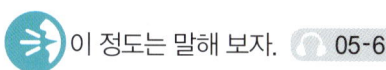 이 정도는 말해 보자. 05-6

식사는 어떠셨나요?
How was your meal?
하우   워즈   유어   미일

맛있게 드셨어요?
Did you enjoy your meal?
디드   유   인조이   유어   미일

계산서 가져다 드릴까요?
Would you like the check?
우드   유   라익   더   췌크

테이블에서 계산서를 가져와 주시겠어요?
Could you please bring the check from your table?
쿠드   유   플리즈   브링   더   췌크   프럼   유어   테이블

+ 한국은 주문하면 바로 계산서를 테이블 위에 놔 두는 경우가 많은데요, 이를 잘 모르는 외국인들은 카운터에 계산서를 안 들고 갈 때도 많습니다. 이럴 때는 식사한 테이블에서 계산서를 가져다 달라고 부탁해 보세요.

따로 계산해 드릴까요?
Would you like separate checks?
우드   유   라익   쎄퍼릿   췍쓰

다음에 또 오세요.
Please visit us again next time.
플리즈   비짓   어쓰 어겐   넥쓰트   타임

06 카페에서
커피 주문받기

🎧 다음 대화를 듣고 따라 말해 보세요. 🎧 06-1

대화 A

나 **What can I** get you?
   왓   캔   아이 겟 유

손님 Can I have an iced latte, please?
    캔   아이 해브 언 아이쓰트 라테이 플리즈

대화 B

나 **Which** size **would you like**?
   위취   싸이즈 우드   유 라익

손님 Regular, please.
    레귤러   플리즈

What can I + 동사 **?**

제가 무엇을 ~하면 될까요?

'~해도 될까요?'라고 상대방에게 허락을 구할 때 Can I[캔 아이] + 동사?로 물어보는데요, 이 앞에 의문사 what을 넣어 What can I[왓 캔 아이] + 동사?라고 하면 '제가 무엇을 ~하면 될까요?'라는 뜻이 됩니다.

pattern 11 무엇을 드리면 될까요?
pattern 12 어떤 사이즈로 하시겠어요?

○ 카페에 찾아온 외국인 손님에게 커피를 주문 받을 때 쓸 수 있는 표현을 익혀 봅시다.

새로 나온 단어

get [겟] ~를 갖다 주다
iced [아이쓰트] 얼음을 넣은
latte [라테이] 라테 (에스프레소에 우유를 넣은 커피)
which [위취] 어떤
size [싸이즈] 크기
regular [레귤러] 보통의

• 대화 A

나: 무엇을 드리면 될까요?

손님: 아이스 라테 주시겠어요?

• 대화 B

나: 어떤 사이즈로 하시겠어요?

손님: 보통 사이즈로 주세요.

단어 TIP

우리는 얼음을 넣은 음료를 '아이스 라테'처럼 부르는데요, ice[아이쓰]는 그냥 '얼음'이란 뜻이라 영어로는 '얼음을 넣은'이란 뜻의 iced[아이쓰트]를 씁니다.

pattern 12

Which + 명사 + would you like?

어떤 ~로 하시겠어요?

which는 '어떤, 어느'라는 뜻으로, 여러 선택지 중에서 뭘 고를지 물어볼 때 쓰는 말입니다. Which[위취] + 명사 + would you like[우드 유 라익]?은 '어떤 ~로 하시겠어요?'라는 뜻으로, 이 표현을 활용하면 음료나 디저트의 종류, 컵 사이즈 등을 뭐로 선택할 건지 물어볼 수 있습니다.

What can I ☐?
제가 무엇을 ~하면 될까요?

○ 다음 표현을 넣어 문장을 연습해 보세요. 06-2

1 **What can I do for you?**
   왓   캔   아이 두 포 유

2 **What can I help you with?**
   왓   캔   아이 헬프 유 위드

3 **What can I get you to drink?**
   왓   캔   아이 겟 유 투 드링크

4 **What can I get you for dessert?**
   왓   캔   아이 겟 유 포 디저트

1 제가 무엇을 해 드리면 될까요?
2 제가 무엇을 도와 드리면 될까요?
3 제가 무엇을 마실 걸로 갖다 드리면 될까요?
4 제가 무엇을 후식으로 갖다 드리면 될까요?

3 get you to drink / 4 get you for dessert 식당이나 카페에서 '무엇을 드릴까요?'라고 손님에게 주문을 받을 때 What can I get you?[왓 캔 아이 겟 유]란 표현을 많이 씁니다. get[겟]은 '~를 갖다 주다'라는 뜻이므로 '제가 무엇을 갖다 드리면 될까요?', 즉 '무엇을 드릴까요?'라는 뜻이 되는 거죠. 뒤에 to drink(마시기 위한) 또는 for dessert(후식으로) 같은 표현을 덧붙이면 구체적으로 뭘 갖다 주면 될지 물어볼 수 있습니다.

Which ☐ would you like?
어떤 ~로 하시겠어요?

○ 다음 표현을 넣어 문장을 연습해 보세요. 🎧 06-3

1. **Which coffee would you like?**
   위취 커피 우드 유 라익

2. **Which juice would you like?**
   위취 주쓰 우드 유 라익

3. **Which sauce would you like?**
   위취 써쓰 우드 유 라익

4. **Which bread would you like?**
   위취 브레드 우드 유 라익

1. 어떤 **커피**로 하시겠어요?
2. 어떤 **주스**로 하시겠어요?
3. 어떤 **소스**로 하시겠어요?
4. 어떤 **빵**으로 하시겠어요?

1 coffee 외국인 손님에게 커피 주문을 받으면 우리가 아는 것과는 발음이 많이 달라 어떤 음료를 주문한 건지 알쏭달쏭한 경우가 많습니다. 커피 원액인 진한 '에스프레소'는 espresso[에스프레쏘우], 에스프레소에 물을 섞은 '아메리카노'는 Americano[어메리카노우], 우유를 넣은 '카페라테'는 caffe latte[캐페이 라테이], 좀 더 진한 '카푸치노'는 cappuccino[카뿌치노우], '카라멜 마끼아또'는 caramel macchiato[캐러멜 마끼아토우]라고 발음합니다.

미션 커피 주문을 받자

🔴 다음 대화를 듣고 따라 말해 보세요. 🎧 06-4

나 　Hello. **What can I get you?**
　　헬로우　왓　캔　아이 겟　유

손님 　I would like an iced latte, please.
　　아이 우드　라익　언　아이쓰트 라테이　플리즈

나 　**Which size would you like?**
　　위취　싸이즈 우드　유　라익

손님 　I would like a regular, please.
　　아이 우드　라익　어 레귤러　플리즈

나 　Okay. For here or to go?❶
　　오우케이　포　히어　오어 투 고우

손님 　I'll have it here.
　　아일 해브　잇 히어

나 　I see. This buzzer will ring when your drink
　　아이 씨　디쓰　버저　윌　링　웬　유어　드링크
　　is ready.❷
　　이즈 레디

손님 　Okay. Thank you.
　　오우케이　땡큐

60

외국인 손님이 카페 카운터로 와서 커피를 주문합니다. 컵 사이즈는 어떤 걸로 할지, 여기서 마실 건지 아니면 가지고 갈 건지도 물어봅시다.

나	안녕하세요. **무엇을 드리면 될까요?**
손님	아이스 라테 한 잔 주세요.
나	**어떤 사이즈로 하시겠어요?**
손님	보통 사이즈로 주세요.
나	알겠어요. 여기서 드실 건가요, 아니면 가지고 가실 건가요?❶
손님	여기서 마실 거예요.
나	알겠습니다. 음료가 준비되면 이 진동벨이 울릴 거예요.❷
손님	네. 고마워요.

새로 나온 단어

buzzer [버저] 진동벨
ring [링] 벨이 울리다
drink [드링크] 음료, 마실것

• 표현 들여다보기

❶ **For here or to go?** 카페나 패스트푸드점에서 주문을 받을 때 꼭 확인해야 하는 사항이 음료를 매장에서 마실 건지, 아니면 포장해 갈 건지입니다. 영어로는 For here or to go?[포 히어 오어 투 고우]라고 물어보지요. 포장해 가는 것을 go(가다)를 사용해 to go[투 고우]라고 표현합니다.

❷ **This buzzer will ring when your drink is ready.** 규모가 큰 한국 카페에서는 음료가 나오면 알려 주는 진동벨을 사용하는데, 외국에서는 이런 진동벨을 사용하지 않는 경우가 많습니다. 따라서 외국인 손님에게 진동벨을 건네주면서 어떤 용도인지 설명해 주면 좋겠지요. '진동벨'은 buzzer[버저] 또는 pager[페이줘]라고 표현할 수 있습니다. buzz[버즈]는 '윙 하고 울리다'라는 뜻의 동사인데, buzzer[버저]는 이렇게 울리는 '진동벨'을 가리키지요.

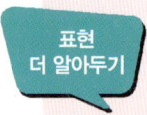
카페에서: 커피 주문받기

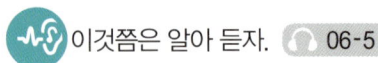 이것쯤은 알아 듣자. 06-5

녹차 라테 한 잔 주세요.
I would like a green tea latte, please.
아이 우드　라익　어 그린　티 라테이　플리즈

Can I get a green tea latte, please?
캔　아이 겟　어 그린　티 라테이　플리즈

One green tea latte, please.
원　그린　티 라테이　플리즈

➕ 카페에서 마실 것을 주문할 때 I would like ~, please.[아이 우드 라익 ~, 플리즈] 또는 Can I have ~? [캔 아이 해브] 패턴을 많이 사용합니다. 음료 이름 뒤에 please[플리즈]만 넣어 말하기도 합니다.

큰 사이즈로 주세요.
I would like a large, please.
아이 우드　라익　어 라쥐　플리즈

얼음은 빼 주세요.
No ice, please.
노우　아이쓰　플리즈

➕ '얼음은 조금만 주세요'는 Just a little ice, please.[저스트 어 리틀 아이쓰 플리즈]라고 합니다.

여기서 마시고 갈 거예요.
For here, please.
포　히어　플리즈

가져갈 거예요.
To go, please.
투　고우　플리즈

커피 한 잔의 여유를 즐기러 카페를 찾는 외국인 관광객이 많습니다. 손님이 어떤 표현을 써서 주문하는지 알아 두고, 구체적인 주문 사항을 확인하는 표현도 잘 익혀 두세요.

이 정도는 말해 보자.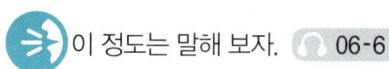

뭘 주문하시겠습니까?
What would you like to order?
왓 우드 유 라익 투 오더

따뜻한 거랑 차가운 것 중에 뭐로 드릴까요?
Hot or iced?
핫 오어 아이쓰트

위에 휘핑크림 올려 드릴까요?
Do you want whipped cream on top?
두 유 원트 웹트 크림 언 탑

데워 드릴까요?
Would you like me to warm it up?
우드 유 라익 미 투 웜 잇 업

✚ warm ~ up은 '(음식을) 데우다'란 뜻인데, 머핀이나 베이글처럼 데울 필요가 있는 음식을 주문받았다면 이렇게 물어보세요.

여기서 드실 건가요?
Are you going to drink it here?
아 유 고우잉 투 드링크 잇 히어

빨대와 시럽은 저쪽에 있습니다.
Straws and syrup are over there.
스트러즈 앤 씨럽 아 오버 데어

생활 속 영어 TIP

음식 설명할 때 알아 두면 좋은 영단어

06-7
MP3로 들으세요

영어로 재료 이름을 알아 두면 어떤 요리냐고 손님이 물어봤을 때 대답하기 좋습니다.

한국 음식에 많이 사용하는 재료 이름과 조리법을 영어로 뭐라고 하는지 익혀 보세요.

메뉴 menu

전채 요리 appetizer [에피타이저]

주요리 main dish [메인 디쉬]

반찬 side dish [싸이드 디쉬]

디저트, 후식 dessert [디저트]

해산물 seafood [씨푸드]

생선 fish [피쉬]

고기 meat [미잇]

국, 탕 soup [쑤웁]

찌개 stew [스투]

죽 rice porridge [라이쓰 포리쥐]

국수 noodles [누들즈]

음료 drink [드링크] / beverage [베버리쥐]

고기 meat

소고기 beef [비프]

돼지고기 pork [포크]

닭고기 chicken [취킨]

오리고기 duck [덕]
양고기 lamb [램]
갈비 rib [립]
등심 sirloin [써로인]
안심 tenderloin [텐더로인]

해산물 seafood

대구 cod [카드]
고등어 mackerel [매커럴]
갈치 cutlassfish [컷러쓰피쉬]
참치 tuna [투너]
조기 croaker [크로우커]
멸치 anchovy [앤쵸우비]
조개 clam [클램]
굴 oyster [오이스터]
문어, 낙지 octopus [악터퍼쓰]
오징어 squid [스퀴드]
게 crab [크랩]
새우 shrimp [쉬림프]
김 laver [레이버]
미역 seaweed [씨위드]
다시마 kelp [켈프]

채소 vegetable

가지 eggplant [에그플랜트]
당근 carrot [캐럿]
오이 cucumber [큐컴버]
버섯 mushroom [머쉬룸]
시금치 spinach [스피니취]
깻잎 sesame leaf [쎄쎄미 리프]
상추 lettuce [레티쓰]
양배추 cabbage [캐비쥐]
배추 Chinese cabbage [촤이니즈 캐비쥐]
무 radish [래디쉬]
고추 chili pepper [췰리 페퍼]
양파 onion [어년]
마늘 garlic [갈릭]
파 green onion [그린 어년]
콩나물 bean sprout [빈 스프라웃]
호박 pumpkin [펌프킨]
애호박 zucchini [주키니]
피망 bell pepper [벨 페퍼]
옥수수 corn [콘]
콩 bean [빈]

기타 재료

달걀 egg [에그]
쌀, 밥 rice [라이쓰]
감자 potato [퍼테이토우]
고구마 sweet potato [스윗 퍼테이토우]
밤 chestnut [췌스넛]
호두 walnut [월넛]
두부 tofu [토푸] / bean curd [빈 커드]
어묵 fish cake [피쉬 케익]

양념 및 조미료 condiment

고추장 red pepper paste [레드 페퍼 페이스트]
된장 soybean paste [써이빈 페이스트]
간장 soy sauce [써이 써쓰]
참기름 sesame oil [쎄써미 오일]
참깨 seasame [쎄써미]
고춧가루 red pepper powder [레드 페퍼 파우더]

생강 ginger [쥔줘]
식초 vinegar [비너거]
소금 salt [쏠트]
설탕 sugar [슈거]
후추 pepper [페퍼]

요리법 recipe

(석쇠에) 구운 grilled [그릴드]
(숯불에 통째로) 구운 broiled [브로일드]
볶은 stir-fried [스터 프라이드]
삶은 boiled [보일드]
찐 steamed [스팀드]
졸인 braised [브레이즈드]
식초에 절인 pickled [피클드]
(양념에) 무친 seasoned [씨즌드]
(양념에) 재운 marinated [매러네이티드]
(프라이팬에) 튀긴 fried [프라이드]
(튀김기에) 튀긴 deep-fried [딥 프라이드]
훈제한 smoked [스모욱트]
발효시킨 fermented [퍼멘티드]
으깬 mashed [매쉬트]
데친 blanched [블랜취트]

생활 속 영어 TIP

한국 음식
영어 메뉴판
만들기

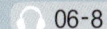
06-8

MP3로 들으세요

어떤 음식인지 영어로 설명된 메뉴판이 있으면 외국인 손님도 음식을 쉽게 주문할 수 있습니다.

한국관광공사 홈페이지에서는 음식의 영어 이름과 함께 영어로 메뉴판을 만들 수 있는 프로그램을 제공하고 있습니다. 한 번 이용해 보세요.

고기 meat

육회 yukhoe
beef tartare [비프 타타]

불고기 bulgogi
marinated beef with vegetables
[메러네이티드 비프 위드 베쥐터블즈]

삼겹살 samgyeopsal
grilled pork belly [그릴드 포크 벨리]

대패삼겹살 daepaesamgyeopsal
grilled thin pork belly
[그릴드 띤 포크 벨리]

갈비구이 galbigui
grilled ribs [그릴드 립스]

갈비찜 galbijjim
stewed ribs [스투드 립스]

곱창구이 gopchanggui
grilled beef[pork] tripe
[그릴드 비프[포크] 트라입]

족발 jokbal
braised pigs' feet [브레이즈드 피그즈 핏]

삼계탕 samgyetang
ginseng chicken soup [쥔셍 취킨 쑤웁]

후라이드 치킨 fried chicken
fried chicken [프라이드 취킨]

양념 치킨 yangnyeom chicken
glazed fried chicken
[글레이즈드 프라이드 취킨]

67

닭갈비 dakgalbi
spicy stir-fried chicken
[스파이씨 스터 프라이드 취킨]

돼지갈비 dwaejigalbi
grilled pork ribs [그릴드 포크 립스]

찜닭 jjimdak
stewed chicken [스투드 취킨]

밥 rice

김밥 gimbap
seasoned rice rolled in dried laver
[씨즌드 라이쓰 롤드 인 드라이드 레이버]

국밥 gukbab
boiled rice served in soup
[보일드 라이쓰 써브드 인 쑤웁]

덮밥 deopbap
a bowl of rice served with toppings
[어 보울 어브 라이쓰 써브드 위드 타핑쓰]

볶음밥 bokkeumbap
fried rice [프라이드 라이쓰]

비빔밥 bibimbap
rice with an assorted mixture of meats and vegetables
[라이쓰 위드 언 어썰티드 믹스춰 어브 미츠 앤 베쥐터블즈]

단팥죽 danpat juk
sweet red bean porridge
[스윗 레드 빈 포리쥐]

호박죽 hobak juk
pumpkin porridge [펌프킨 포리쥐]

국과 찌개 soup and stew

미역국 miyeok guk
seaweed soup [씨위드 쑤웁]

된장국 doenjang guk
soybean paste soup
[써이빈 페이스트 쑤웁]

된장 찌개 doenjang jjigae
soybean paste stew
[써이빈 페이스트 스투]

청국장 찌개 cheonggukjang jjigae
rich soybean paste stew
[리치 써이빈 페이스트 스투]

김치 찌개 kimchi jjigae
kimchi stew [김치 스투]

갈비탕 galbitang
short rib soup [숏 립 쑤웁]

곰탕 gomtang
beef bone soup [비프 본 쑤웁]

해물탕 haemultang
seafood stew [씨푸드 스투]

알탕 altang
spicy fish roe stew
[스파이씨 피쉬 로우 스투]

감자탕 gamjatang
pork backbone stew [포크 백보운 스투]

전 Korean pancake

전, 부침개 buchimgae
Korean pancake [코리언 팬케익]

감자전 gamja jeon
potato pancake [퍼테이토우 팬케익]

김치전 kimchi jeon
kimchi pancake [김치 팬케익]

해물파전 haemul pajeon
seafood and green onion pancake
[씨푸드 앤 그린 어년 팬케익]

부추전 buchu jeon
garlic chive pancake [갈릭 촤이브 팬케익]

국수 noodles

냉면 naengmyon
cold buckwheat noodles
[코울드 벅윗 누들즈]

비빔국수 bibimguksu
noodles mixed with vegetables and
red pepper sauce
[누들즈 믹쓰트 위드 베쥐터블즈 앤 레드 페퍼 써쓰]

칼국수 kalguksu
chopped noodles [챂트 누들즈]

콩국수 kongguksu
noodles in cold soybean broth
[누들즈 인 코울드 쏘이빈 브로뜨]

쫄면 jjolmyeon
spicy cold springy noodles
[스파이씨 코울드 스프링이 누들즈]

잡채 japchae
stir-fried glass noodles and
vegetables
[스터 프라이드 글래쓰 누들즈 앤 베쥐터블즈]

기타 음식

김치 kimchi

만두
dumpling [덤플링]

묵 muk
jellied food [젤리드 푸드]

떡 tteok
rice cake [라이쓰 케익]

떡볶이 tteokbokki
spicy rice cake [스파이씨 라이쓰 케익]

가게에서 일할 때

07 가게에서 **손님에게 다가가기**

08 가게에서 **상품 설명하기**

09 가게에서 **물건 계산해 주기**

10 가게에서 **물건 교환해 주기**

11 가게에서 **물건 환불해 주기**

WELCOME

07 가게에서 손님에게 다가가기

다음 대화를 듣고 따라 말해 보세요. 🎧 07-1

대화 A

나　**What kind of** lipstick **are you looking for**?
　　왓　　카인드　어브　립스틱　　아　유　루킹　포

손님　I'm looking for a matte one.
　　아임　루킹　　포　어　매트　원

대화 B

나　**How about** this lipstick?
　　하우　어바웃　디쓰　립스틱

손님　I like it. How much is it?
　　아이 라익 잇　하우　머취　이즈 잇

What kind of + 명사 **+ are you looking for?**

어떤 종류의 ~를 찾고 계세요?

kind[카인드]는 형용사로는 '친절한'이란 뜻이지만, 명사로는 '종류'라는 뜻입니다. 손님이 찾고 있는 물건이 정확히 어떤 종류인지 궁금할 때는 What kind of[왓 카인드 어브] + 명사 + are you looking for[아 유 루킹 포]?로 물어보면 됩니다. look for[룩 포]는 '~를 찾다'라는 뜻의 숙어입니다.

pattern 13 어떤 종류의 립스틱을 찾고 계세요?
pattern 14 이 립스틱 어떠세요?

미니강의

○ 물건을 고르고 있는 손님에게 다가가 찾고 있는 제품을 물어보고 괜찮은 상품을 소개해 봅시다.

대화 A

나   어떤 종류의 립스틱을 찾고 계세요?

손님   광택이 없는 것을 찾고 있어요.

대화 B

나   이 립스틱 어떠세요?

손님   맘에 드네요. 얼마죠?

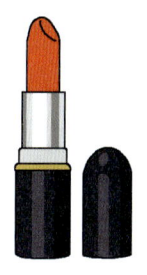

새로 나온 단어

lipstick [립스틱]
립스틱, 입술 연지

look for [룩 포]
~를 찾다

matte [매트]
무광의, 윤이 안 나는
(= mat)

단어 TIP

lip[립]은 '입술', stick[스틱]은 '막대기'라는 뜻입니다. lipstick은 말 그대로 입술에 바르는 막대기 모양의 화장품을 뜻해요.

pattern 14

How about + 명사 ?

~는 어떠세요?

어떤 물건을 사야 할지 망설이고 있는 손님에게 상품을 추천할 때는 '~는 어떠세요?'란 뜻의 How about[하우 어바웃] + 명사?로 말해 보세요. '~하는 게 어떠세요?'라고 물건이 아니라 행위를 제안할 때는 명사 자리에 동사ing를 넣어 물어봅니다. 전치사 about[어바웃] 뒤에는 명사나 동사에 ing를 붙인 형태의 동명사가 올 수 있어요.

What kind of ☐ are you looking for?
어떤 종류의 ~를 찾고 계세요?

○ 다음 표현을 넣어 문장을 연습해 보세요. 07-2

1 **What kind of sunscreen are you looking for?**
   왓   카인드   어브 썬스크린   아   유   루킹   포

2 **What kind of perfume are you looking for?**
   왓   카인드   어브 퍼퓸   아   유   루킹   포

3 **What kind of facial cream are you looking for?**
   왓   카인드   어브 페이셜 크림   아   유   루킹   포

4 **What kind of shoes are you looking for?**
   왓   카인드   어브 슈즈   아   유   루킹   포

1 어떤 종류의 선크림을 찾고 있어요?
2 어떤 종류의 향수를 찾고 있어요?
3 어떤 종류의 얼굴 크림을 찾고 있어요?
4 어떤 종류의 신발을 찾고 있어요?

---

1 **sunscreen** sun[썬]은 '태양', screen[스크린]은 '칸막이, 가리개'란 뜻인데, 말 그대로 햇빛을 차단해 주는 '선크림', 즉 '자외선 차단제'를 sunscreen[썬스크린]이라고 합니다. sunblock[썬블락]도 '자외선 차단제'를 가리키는데, block[블락]에 '차단, 방해'라는 뜻이 있습니다.

3 **facial cream** 형용사 facial[페이셜]은 '얼굴의, 안면의'라는 뜻입니다. 얼굴에 바르는 화장품을 영어로 facial cream[페이셜 크림]이라고 합니다.

How about ☐?
~는 어떠세요?

○ 다음 표현을 넣어 문장을 연습해 보세요. 🎧 07-3

1 **How about this foundation?**
   하우 어바웃 디쓰 파운데이션

2 **How about this tonic lotion?**
   하우 어바웃 디쓰 타닉 로우션

3 **How about this one?**
   하우 어바웃 디쓰 원

4 **How about these boots?**
   하우 어바웃 디즈 부츠

1 이 **파운데이션**은 어떠세요?
2 이 **스킨**은 어떠세요?
3 이 **제품**은 어떠세요?
4 이 **부츠**는 어떠세요?

2 **this tonic lotion** 로션을 바르기 전 바르는 액체 상태의 화장품을 '스킨'이라고 하는데, 영어로 skin[스킨]은 '피부'라는 뜻만 있습니다. 정확한 영어 명칭은 tonic lotion[타닉 로우션] 또는 toner[토우너]입니다.

3 **this one** one[원]은 여기서 '하나'라는 뜻이 아니라, 서로 알고 있는 사물을 대신 말할 때 명사의 반복을 피하기 위해 쓴 대명사입니다. 손님에게 제품을 보여주고 있는 상황이므로 this one(이것, 이 제품)이라고 간단히 말할 수 있습니다.

미션 손님에게 신상 립스틱을 소개하자

🔊 다음 대화를 듣고 따라 말해 보세요. 🎧 07-4

나 Hello. May I help you, sir?
헬로우   메이   아이 헬프 유   써

손님 Yes, I'm looking for some lipsticks for my daughter.❶
예쓰 아임 루킹   포 썸   립스틱쓰   포 마이 도우터

나 **What kind of lipstick are you looking for?**
왓 카인드 어브 립스틱   아 유 루킹   포

손님 Well, I can't make up my mind.
웰 아이 캔트 메익 업 마이 마인드
What do you recommend?
왓 두 유 레커멘드

나 **How about this lipstick?** It's a brand-new one.
하우 어바웃 디쓰 립스틱   잇쓰 어 브랜드 누 원

손님 I like its color.
아이 라익 잇쓰 컬러

나 It's very popular with young ladies.
잇쓰 베리 팝퓰러 위드 영 레이디즈

손님 Really? I'll take it then.❷
리얼리 아일 테익 잇 덴

76

화장품 가게에서 외국인 손님이 립스틱 코너를 기웃거리면서 뭘 살지 고민하고 있습니다. 손님에게 다가가 말을 걸고 제품을 권해 봅시다.

나 　안녕하세요. 도와 드릴까요, 손님?

손님 　네, 딸에게 줄 립스틱을 찾고 있어요. ❶

나 　**어떤 종류의 립스틱을 찾고 계세요?**

손님 　글쎄요, 결정을 못 하겠어요.
　　　뭘 추천하시겠어요?

나 　**이 립스틱 어떠세요?** 신제품이에요.

손님 　색깔이 맘에 드네요.

나 　젊은 여성분들에게 아주 인기 있어요.

손님 　정말요? 그럼 그걸로 할게요. ❷

> **새로 나온 단어**
> **daughter** [도우터] 딸
> **make up one's mind** [메익 업 원즈 마인드] 결심하다, 결정하다
> **color** [컬러] 색깔
> **brand-new** [브랜드 누] 신제품의
> **popular** [팝퓰러] 인기 있는

• 표현 들여다보기

❶ **I'm looking for some lipsticks for my daughter.** 　손님이 '~를 찾고 있습니다'라고 사려는 물건을 말할 때 I'm looking for[아임 루킹 포] + 물건. 패턴을 이용해 주로 말합니다. 이 뒤에 'for + 사람'이 붙는 경우가 있는데, 이때 for는 '~를 위한'이란 뜻으로 쓰인 것입니다. 이때는 선물받는 사람의 성별과 연령대에 맞춰 물건을 추천해 보세요.

❷ **I'll take it then.** 　추천받은 물건을 손님이 사겠다고 결정할 때 I'll take it.[아일 테익 잇]이란 표현을 씁니다. 여기서 take[테익]은 '취하다'라는 뜻으로 쓰인 것입니다. '사다'라는 뜻의 동사 buy[바이]를 활용해 I'd like to buy it.(그거 사고 싶어요.)라고 말할 수도 있습니다.

77

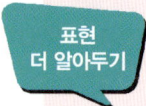# 가게에서: 손님에게 다가가기

🔊 이것쯤은 알아 듣자. 🎧 07-5

넥타이를 찾고 있어요.
I'm looking for a tie.
아임 루킹 포 어 타이

귀걸이 사러 왔어요.
I'm here to buy some earrings.
아임 히어 투 바이 썸 이어링즈

좀 둘러봐도 될까요?
Can I look around?
캔 아이 룩 어라운드

✚ 손님이 이렇게 물어볼 때는 답변으로 '물론 됩니다'라는 의미로 Sure, you can.[슈어 유 캔]이라고 말해 보세요.

좀 더 둘러볼게요.
I'll look around some more.
아일 룩 어라운드 썸 모어

샘플 있어요?
Do you have a tester?
두 유 해브 어 테스터

✚ 직접 발라 볼 수 있는 화장품이나 향수의 샘플은 sample[쌤플]이 아니라 tester[테스터]라고 합니다.

이거 입어봐도 되나요?
May I try this on?
메이 아이 트라이 디쓰 언

✚ 옷이나 모자를 구입하기 전에 몸에 맞는지 착용해 보는 것을 try on[트라이 언]이라고 합니다. 몸 위에 걸쳐 보기 때문에 전치사 on(~위에)을 사용해야 합니다.

78

물건을 구경하는 손님에게 다가가 자연스럽게 말을 걸 수 있는 표현을 익혀 봅시다. 제품을 권하면서 구매를 유도해 보세요.

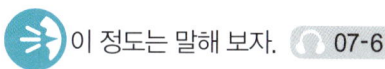 이 정도는 말해 보자. 07-6

실례합니다. 뭘 찾으세요?
Excuse me. What are you looking for?
익쓰큐즈 미 왓 아 유 루킹 포

도움이 필요하세요?
Do you need any help?
두 유 니드 에니 헬프

특별히 찾는 게 있으세요?
Are you looking for something in particular?
아 유 루킹 포 썸띵 인 퍼티큘러

샘플 여기 있어요. 써 보세요.
Here is a tester. Please try it.
히어 이즈 어 테스터 플리즈 트라이 잇

+ try[트라이]는 '시도하다', '시식하다', '시음하다' 등 다양한 뜻을 가집니다.

그거 입어 보셔도 됩니다.
You can try it on.
유 캔 트라이 잇 언

이건 어떨까요?
May I suggest this?
메이 아이 써쥬스트 디쓰

+ 신제품이거나 괜찮은 제품이라면 손님에게 적극적으로 권해 보세요. 동사 suggest[써쥬스트]에는 '추천하다, 권하다'라는 의미가 있습니다.

79

08 가게에서 상품 설명하기

다음 대화를 듣고 따라 말해 보세요. 08-1

대화 A

손님 **What is this wallet made of?**
왓 이즈 디쓰 왈릿 메이드 어브

나 **It's made of** traditional Korean fabric.
잇쓰 메이드 어브 트러디셔널 코리언 패브릭

대화 B

손님 **Could you recommend something special**
쿠드 유 레커멘드 썸띵 스페셜
for a gift?
포 어 기프트

나 **This is the** most popular item.
디쓰 이즈 더 모우스트 팝퓰러 아이템

It's made of + 명사 .

그건 ~로 만들었어요.

손님이 물건의 소재가 뭔지 물었을 때는 It's made of[잇쓰 메이드 어브] + 명사.를 활용해 대답해 보세요. '그건 ~로 만들었어요'라는 뜻입니다. made[메이드]는 '만들다'란 뜻의 동사 make[메익]의 과거분사인데요, made of[메이드 어브]는 '~로 만들어진', 즉 '~로 만든'이란 의미가 됩니다.

한국의 전통 직물로 만들었어요.
 이게 가장 인기 있는 제품입니다.

○ 물건을 팔려면 상품이 어떤 면에서 좋은지 설명해야 합니다. 손님에게 물건의 소재나 특징을 설명해 봅시다.

대화 A

- 손님: 이 지갑은 뭐로 만들었나요?
- 나: 한국의 전통 직물로 만들었어요.

대화 B

- 손님: 선물로 특별한 거 추천해 주시겠어요?
- 나: 이게 가장 인기 있는 제품입니다.

새로 나온 단어

wallet [왈릿] 지갑

made of [메이드 어브] ~로 만든

traditional [트러디셔널] 전통적인, 전통의

Korean [코리언] 한국의, 한국인

fabric [패브릭] 직물, 천

something [썸띵] 무언가

special [스페셜] 특별한

gift [기프트] 선물

item [아이템] 물품, 품목

This is the + 최상급 + 명사 .

이게 가장 ~한 …입니다.

우리 가게에서 가장 인기 있거나 가장 잘 팔리는 제품을 손님에게 적극적으로 추천할 때는 '이게 가장 ~한 …입니다'란 뜻 This is the[디쓰 이즈 더] + 최상급 + 명사. 패턴을 사용해서 말해 보세요. 최상급은 '가장 ~한'이란 뜻을 갖는 표현인데, 형용사 끝에 -est를 붙이거나 형용사 앞에 most[모우스트]를 붙여서 만듭니다.

It's made of ☐.

그건 ~로 만들었어요.

○ 다음 표현을 넣어 문장을 연습해 보세요. 🎧 08-2

1 It's made of leather.
   잇쓰 메이드 어브 레더

2 It's made of pure cotton.
   잇쓰 메이드 어브 퓨어 카튼

3 It's made of 6-year-old red ginseng.
   잇쓰 메이드 어브 식쓰 이어 오울드 레드 쥔셍

4 It's made of traditional Korean paper.
   잇쓰 메이드 어브 트러디셔널 코리언 페이퍼

1 그건 **가죽**으로 만들었어요.
2 그건 **순면**으로 만들었어요.
3 그건 **6년근 홍삼**으로 만들었어요.
4 그건 **전통 한지**로 만들었어요.

---

2 pure cotton   pure[퓨어]는 다른 성분이 섞이지 않은 '순수한'이라는 의미입니다. 그래서 pure cotton[퓨어 카튼]은 면 100%로 만든 '순면'이란 뜻이 되지요. 마찬가지로 '순모'는 pure wool[퓨어 울], '순금'은 pure gold[퓨어 고울드]라고 합니다.

3 6-year-old red ginseng   '인삼'을 영어로는 ginseng[쥔셍]이라고 하는데요, 인삼을 가공해 만든 붉은색의 '홍삼'은 앞에 '빨간색의'를 뜻하는 red[레드]를 넣어 red ginseng[레드 쥔셍]이라고 합니다.

pattern 16

This is the ☐.

이게 ~입니다.

○ 다음 표현을 넣어 문장을 연습해 보세요. 🎧 08-3

1 This is the cheapest product.
디쓰   이즈 더   취피스트   프로덕

2 This is the newest model.
디쓰   이즈 더   누이스트   마들

3 This is the best-selling item.
디쓰   이즈 더   베스트 쎌링   아이텀

4 This is the most durable one.
디쓰   이즈 더   모우스트   듀러블   원

1 이게 **가장 저렴한 제품**입니다.
2 이게 **가장 최신 모델**입니다.
3 이게 **가장 잘 팔리는 상품**입니다.
4 이게 **가장 튼튼한 것**입니다.

2 newest model '새로운, 새 것인'이란 뜻의 형용사 new[뉴] 뒤에 -est를 붙인 newest[누이스트]는 '가장 새 것인', 즉 '가장 최신의'라는 뜻이 됩니다.

4 most durable one durable[듀러블]은 '튼튼한, 내구성이 있는'이란 뜻의 형용사인데요, du-ra-ble처럼 3음절 이상의 긴 단어는 최상급을 만들 때 단어 앞에 most[모우스트]를 붙입니다. 뒤의 one[원]은 여기서는 '하나'라는 뜻이 아니라 앞에서 언급한 대상을 가리키는 '것'이라는 뜻의 대명사로 쓰인 것입니다.

미션 손님에게 물건 특징을 설명하자

○ 다음 대화를 듣고 따라 말해 보세요. 🎧 08-4

나 Can I help you find something?
캔 아이 헬프 유 파인드 썸띵

손님 I'm good. Thanks. I'm just looking around.❶
아임 굿 땡쓰 아임 저스트 루킹 어라운드

나 Okay. If you need any help, just let me know.
오우케이 이프 유 니드 에니 헬프 저스트 렛 미 노우

손님 Uh, excuse me. Could you show me this bag?
어 익쓰큐즈 미 쿠드 유 쇼우 미 디쓰 백

나 Of course. **This is the most popular item.**
어브 코쓰 디쓰 이즈 더 모우스트 팝퓰러 아이템

손님 What is this made of?
왓 이즈 디쓰 메이드 어브

나 **It's made of traditional Korean fabric.**
잇쓰 메이드 어브 트러디셔널 코리언 패브릭

손님 Do you have it in a different color?
두 유 해브 잇 인 어 디퍼런트 컬러

나 Yes, I'll show you some others.
예쓰 아일 쇼우 유 썸 아더즈

외국인 손님이 한국의 전통 제품을 파는 가게에서 물건을 구경하고 있습니다. 손님에게 말을 걸고 물건에 대해 영어로 설명해 봅시다.

나	제가 물건 찾는 걸 도와 드릴까요?
손님	고맙지만 괜찮아요. 그냥 둘러보는 거예요. ❶
나	알겠습니다. 혹시 도움이 필요하시면 제게 알려 주세요.
손님	어, 저기요. 이 가방 좀 보여 주실래요?
나	물론이죠. **이게 가장 인기 있는 제품이에요.**
손님	이거 뭐로 만들었나요?
나	**한국의 전통 직물로 만들었어요.**
손님	다른 색깔도 있어요?
나	네, 다른 것도 좀 보여 드릴게요.

새로 나온 단어

find [파인드] 찾다
look around [룩 어라운드] (주위를) 둘러보다, 구경하다
help [헬프] 도움
know [노우] 알다
different [디퍼런트] 다른
show [쇼우] 보여 주다
other [아더] 다른 것

• 표현 들여다보기

❶ **I'm just looking around.** 손님 중에는 원하는 물건을 사기 전에 이곳저곳을 둘러보며 아이쇼핑을 즐기는 사람들도 많습니다. look around[룩 어라운드]는 '(주위를) 둘러보다, 구경하다'라는 뜻의 표현입니다. 점원의 May I help you?(도와 드릴까요?)라는 질문에 손님이 '그냥 구경 중입니다'라고 할 때는 I'm just looking around.[아임 저스트 루킹 어라운드] 또는 간단하게 I'm just looking.[아임 저스트 루킹]이라고 답할 수 있습니다. 이때는 손님에게 '천천히 보세요'란 뜻의 Take your time.[테익 유어 타임]으로 말하면 시간을 두고 여유 있게 천천히 둘러보라는 뉘앙스를 전달할 수 있습니다.

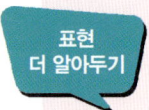

가게에서: 상품 설명하기

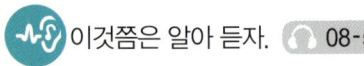 이것쯤은 알아 듣자. 08-5

어떤 향수를 추천하시나요?
Which perfume do you suggest?
위춰   퍼퓸   두 유   써줴스트

이거 다른 색깔 있어요?
Does this come in another color?
더즈 디쓰 컴 인 어나더 컬러

이거 더 어두운 색 있어요?
Do you have this in a darker color?
두 유   해브   디쓰 인 어 다커   컬러

✚ dark[다크]는 '(색이) 짙은, 어두운'이란 뜻으로, '(색이) 밝은'은 light[라잇]이라고 합니다. '더 밝은'은 lighter[라이터]라고 하면 됩니다.

이거 진짜 가죽인가요?
Is this real leather?
이즈 디쓰   리얼   레더

이거 수제인가요?
Is this handmade?
이즈 디쓰   핸드메이드

✚ hand[핸드]는 '손'이란 뜻인데, handmade[핸드메이드]는 말 그대로 '손으로 만든, 수제의'라는 뜻입니다.

탈의실은 어디 있어요?
Where is the fitting room?
웨어   이즈 더   피팅   룸

✚ 옷을 갈아 입는 '탈의실'은 changing room[췌인징 룸]이라고도 합니다.

상품의 특징에 대해 친절하게 설명해 주면 듣는 손님도 귀가 솔깃해져서 물건을 구입할 수 있습니다. 손님에게 물건을 영업할 때 유용하게 쓸 수 있는 표현을 익혀 봅시다.

이 정도는 말해 보자. 08-6

향이 좋아요.
It smells good.
잇 스멜즈 굿

품질이 상당히 좋습니다.
The quality is quite good.
더 퀄러티 이즈 콰잇 굿

그건 선물로 아주 인기 있어요.
It is very popular as a gift.
잇 이즈 베리 파퓰러 애즈 어 기프트

손님에게 잘 어울려요.
That looks nice on you.
댓 룩쓰 나이쓰 언 유

✚ 손님이 탈의실에서 옷을 갈아 입고 나왔거나 옷을 걸쳐 봤을 때 쓸 수 있는 표현입니다. '(옷이) 어울리다'라고 할 때 look nice(좋게 보이다)라는 표현을 사용합니다.

재고가 딱 하나만 남았어요.
We only have one left in stock.
위 오운리 해브 원 레프트 인 스탁

그건 하나 사면 하나는 무료입니다.
It's buy one, get one free.
잇쓰 바이 원 겟 원 프리

✚ 한국에서는 하나 사면 하나 더 주는 걸 '원 플러스 원(one plus one)'이라고 하는데요, 외국인은 이해하지 못하는 콩글리쉬 표현이므로 주의하세요.

09 가게에서 물건 계산해 주기

🔊 다음 대화를 듣고 따라 말해 보세요. 🎧 09-1

• 대화 A

손님 **How much is this bag?**
하우 머취 이즈 디쓰 백

나 **It's** 80,000 **won.**
잇쓰 에이티 따우전드 원

• 대화 B

손님 **Do you accept Visa cards?**
두 유 액쎕트 비저 카즈

나 Yes. **We take** all major credit cards.
예쓰 위 테익 얼 메이줘 크레딧 카즈

It's + 가격 **+ won.**
그건 ~원입니다.

'그건 ~원입니다'라고 물건의 가격이 얼마라고 이야기할 때는 '그것은 ~이다'라는 뜻의 It's[It is] ~ 뒤에 가격을 나타내는 숫자와 돈 단위인 won[원]을 넣어 말하면 됩니다. 가격은 thousand[따우전드: 천], hundred[헌드레드: 백] 등의 숫자 단위를 써서 표현하면 됩니다. 돈의 단위를 읽는 자세한 법은 247페이지를 참고하세요.

pattern 17 8만원입니다.

pattern 18 우리는 모든 주요 신용카드를 받습니다.

● 영어로 가격을 말하는 일은 익숙해질 때까지 연습이 필요합니다. 가게에서 손님이 고른 물건을 계산해 주고 판매를 완료해 봅시다.

대화 A

손님   이 가방 얼마죠?

나   8만원입니다.

대화 B

손님   비자카드 받으세요?

나   네. 우리는 모든 주요 신용카드를 받습니다.

새로 나온 단어

bag [백] 가방

eighty [에이티] 80, 여든

thousand [따우전드] 1000, 천

accept [액쎕트] 받아들이다

take [테익] 받다, 받아들이다

major [메이줘] 주요한

단어 TIP

영어에는 숫자 '만'을 나타내는 단어가 따로 없습니다. 8만은 80을 뜻하는 eighty[에이티]와 '천'을 뜻하는 thousand[따우전드]를 더해 말하면 됩니다. 80이 천 개니까 8만이란 숫자가 되는 거지요.

pattern 18

We take + 명사 .

우리는 ~를 받습니다.

take[테익]은 다양한 뜻이 있는 동사인데, 그 중에서 '(신용카드, 현금, 수표 등을) 받다'라는 의미가 있습니다. 그래서 계산할 때 We take[위 테익] + 명사.라고 하면 '우리는 ~를 받습니다'라는 뜻이 되지요. 이때 주어인 we는 '우리는'이란 뜻인데, 가게를 대표해서 말할 때 we라는 대명사를 사용합니다.

pattern 17

It's ▭ won.

그건 ~원입니다.

○ 다음 표현을 넣어 문장을 연습해 보세요. 🎧 09-2

1 **It's 5,000(five thousand) won.**
   잇쓰   파이브 따우전드   원

2 **It's 19,900(nineteen thousand nine hundred) won.**
   잇쓰   나인틴   따우전드   나인 헌드레드   원

3 **It's 20,000(twenty thousand) won.**
   잇쓰   트웨니   따우전드   원

4 **It's 100,000(one hundred thousand) won.**
   잇쓰   원   헌드레드   따우전드   원

1 5천원이에요.
2 19,900원이에요.
3 2만원이에요.
4 10만원이에요.

2 **19,900** 영어 숫자는 기본적으로 세 자리씩 끊어 읽습니다. 19,900의 경우 19를 뜻하는 nineteen[나인틴] 뒤에 '천'을 뜻하는 thousand를 넣고, 9를 뜻하는 nine[나인] 뒤에 '백'을 뜻하는 hundred를 넣어 표현하면 됩니다.

4 **100,000** 영어에는 '10만'을 나타내는 단어가 따로 없고, one hundred(100)와 thousand(1000)를 연속으로 써서 '10만'이란 숫자를 나타냅니다. '100만'은 단어가 따로 있어서, one million[원 밀리언]이라고 합니다.

We take ⬚.

우리는 ~를 받습니다.

○ 다음 표현을 넣어 문장을 연습해 보세요. 🎧 09-3

1 We take **cash only**.
위 테익 캐쉬 오운리

2 We take **traveler's checks**.
위 테익 트레블러즈 첵쓰

3 We take **MasterCard only**.
위 테익 매스터카드 오운리

4 We take **both Visa and MasterCard**.
위 테익 보뜨 비저 앤 매스터카드

1 우리는 **현금만** 받습니다.
2 우리는 **여행자 수표**를 받습니다.
3 우리는 **마스터카드만** 받습니다.
4 우리는 **비자와 마스터카드 둘 다** 받습니다.

1 cash only cash[캐쉬]는 '현금'이란 뜻이고, only[오운리]는 '오직, 단지'라는 뜻입니다. 카드 단말기가 없는 노점이나 벼룩시장에서는 현금만 받아야 할 경우가 있는데, 이때는 앞에 '죄송하지만'이란 뜻의 I'm sorry, but[아임 쏘리 벗]을 넣어 I'm sorry, but we take cash only.라고 손님에게 말하면 좀 더 정중한 표현이 됩니다.

4 both Visa and MasterCard both A and B는 'A와 B 둘 다'라는 뜻입니다. 그래서 '비자와 마스터카드 둘 다'는 both Visa and MasterCard라고 하지요.

미션 옷 값을 계산해 주자

🔊 다음 대화를 듣고 따라 말해 보세요. 🎧 09-4

손님 How much is it altogether?❶
하우 머취 이즈 잇 얼터게더

나 Let me see. **It's 80,000 won altogether.**
렛 미 씨 잇쓰 에이티 따우전드 원 얼터게더

손님 That's too expensive! Could you give me a discount?
댓쓰 투 익스펜씨브 쿠드 유 기브 미 어 디스카운트

나 Okay. Then I'll give you 5,000 won off.❷
오우케이 덴 아일 기브 유 파이브 따우전드 원 어프
I'll make it 75,000 won.
아일 메익 잇 쎄븐티 파이브 따우전드 원

손님 Sounds great. Do you accept credit cards?
싸운즈 그레잇 두 유 액쎕트 크레딧 카즈

나 Of course. **We take all major credit cards.**
어브 코쓰 위 테익 얼 메이줘 크레딧 카즈

손님 Oh, I see. Here is my credit card.
오 아이 씨 히어 이즈 마이 크레딧 카드

나 Thank you. Do you need a bag?
땡큐 두 유 니드 어 백

손님 Yes, please.
예쓰 플리즈

92

한참 옷을 고르던 외국인 손님이 계산대로 옷을 여러 벌 가져 왔습니다. 총 가격은 얼마인지 알려 주고 계산은 어떻게 할 건지도 물어봅시다.

손님   모두 얼마죠? ❶

나   어디 볼까요. <mark>모두 합쳐 8만원입니다.</mark>

손님   너무 비싸네요! 할인 좀 해 주시겠어요?

나   알았어요. 그러면 5,000원 할인해 드리죠. ❷
        75,000원에 드릴게요.

손님   좋아요. 신용카드 되나요?

나   물론이죠. <mark>우리는 모든 주요 신용카드를 받습니다.</mark>

손님   오, 알겠습니다. 여기 제 신용카드 있어요.

나   고맙습니다. 봉투 필요하세요?

손님   네, 주세요.

> **새로 나온 단어**
>
> **altogether** [얼터게더]
> 모두 합쳐, 총
>
> **expensive** [익스펜씨브]
> 비싼
>
> **discount** [디스카운트]
> 할인, 값 깎기
>
> **bag** [백] 봉투, 봉지

• 표현 들여다보기

❶ **How much is it altogether?** '가격이 얼마예요?'라고 할 때 How much is it?[하우 머취 이즈 잇]이라고 물어보는데요, 여러 개의 물건을 구입하면서 전체 가격을 물어볼 때는 이 뒤에 '모두 합쳐, 총'이라는 뜻의 altogether[얼터게더]를 덧붙입니다.

❷ **Then I'll give you 5,000 won off.** 손님이 물건 구입을 망설일 때는 못 이기는 척 할인해 주겠다고 제안해 봅시다. off[어프]에 '할인되어'라는 의미가 있으므로 얼마만큼 할인해 주겠다고 할 때 I'll give you ~ won off.[아일 기브 유 ~ 원 어프]라고 말하면 됩니다. 참고로 '~퍼센트 할인해 드릴게요'는 I'll give you ~ percent off.[아일 기브 유 ~ 퍼쎈트 어프]라고 합니다.

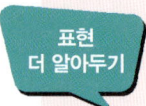

가게에서: 물건 계산해 주기

🔊 이것쯤은 알아 듣자. 🎧 09-5

그거 얼마예요?
How much is it?
하우   머취   이즈 잇

너무 비싸네요.
It's too expensive[steep].
잇쯔 투   익스펜씨브   스팁

➕ steep은 '가파른'이란 뜻인데요, 가격이 마치 가파른 언덕 같다고 비유해서 '너무 비싼'이란 뜻으로도 씁니다.

조금만 깎아 주세요.
Please come down a bit.
플리즈   컴   다운   어 빗

할인 좀 받을 수 있을까요?
Can I get a discount, please?
캔   아이 겟 어 디스카운트   플리즈

만원에 주시면 살게요.
If you make it 10,000 won, I'll buy it.
이프 유   메익   잇 텐 따우전드 원   아일 바이 잇

저거 지금 세일 중인가요?
Is that on sale now?
이즈 댓   언 쎄일 나우

➕ on sale[언 쎄일]은 '세일 중인'이라는 뜻인데 for sale[포 쎄일]은 '판매 중'이란 뜻입니다. 그래서 Is that for sale?은 '저거 파는 건가요?'라는 전혀 다른 뜻이 되지요.

물건 값을 계산해 주다 보면 때로는 손님과 가격을 흥정할 일도 생깁니다. 가격이 얼마인지 나타내는 표현과 함께 포장과 관련된 표현도 잘 익혀 두세요.

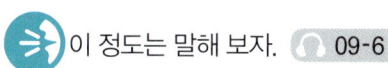이 정도는 말해 보자. 09-6

다 해서 만원입니다.
That comes to 10,000 won.
댓 컴즈 투 텐 따우전드 원

+ 여러 물건 값의 합계를 이야기할 때는 '(합계가) ~가 되다'란 뜻의 come to를 활용해 보세요.

죄송하지만, 우리는 신용카드를 받지 않습니다.
I'm sorry, but we don't accept credit cards.
아임 쏘리 벗 위 던 액쎕트 크레딧 카즈

현금으로 내시면 할인해 드릴게요.
I'll give you a discount if you pay with cash.
아일 기브 유 어 디스카운트 이프 유 페이 위드 캐쉬

종이봉투나 비닐봉지 드릴까요?
Would you like a paper or plastic bag?
우드 유 라익 어 페이퍼 오어 플래스틱 백

+ 간단히 줄여서 Paper or plastic?[페이퍼 오어 플래스틱]이라고 물어봐도 좋습니다. '종이봉투'는 paper bag[페이퍼 백], '비닐봉지'는 plastic bag[플래스틱 백]이라고 합니다.

종이봉투는 각각 100원에 이용 가능합니다.
Paper bags are available for 100 won each.
페이퍼 백즈 아 어베일러블 포 원 헌드레드 원 이취

선물 포장해 드릴까요?
Would you like it gift-wrapped?
우드 유 라익 잇 기프트 랩트

10 가게에서 물건 교환해 주기

다음 대화를 듣고 따라 말해 보세요. 🎧 10-1

대화 A

나 **Is there anything wrong with** it?
이즈 데어 에니띵 렁 위드 잇

손님 It has a stain.
잇 해즈 어 스테인

대화 B

손님 It's too tight.
잇쓰 투 타잇

나 **Shall I** get you a larger size?
쉘 아이 겟 유 어 라쥐 싸이즈

Is there anything wrong with + 명사 ?
~에 무슨 문제라도 있나요?

손님이 교환이나 환불을 요구했을 때는 상품에 무슨 문제가 있는지 확인부터 해야겠지요. Is there anything wrong with[이즈 데어 에니띵 렁 위드] + 명사?는 '~에 잘못된 게 있나요?', 즉 '~에 무슨 문제라도 있나요?'라고 반문할 때 쓰는 표현입니다. 명사 자리에 손님이 들고 온 상품 이름을 넣어 물어보면 되지요.

pattern 19 그것에 무슨 문제라도 있나요?
 pattern 20 제가 더 큰 사이즈로 가져다 드릴까요?

○ 물건을 구입했던 손님이 매장으로 다시 찾아와 다른 사이즈나 다른 제품으로 교환하려고 할 때 응대할 수 있는 표현을 익혀 봅시다.

대화 A

나   그것에 무슨 문제라도 있나요?

손님   얼룩이 있어요.

대화 B

손님   너무 꽉 껴요.

나   제가 더 큰 사이즈로 가져다 드릴까요?

새로 나온 단어

anything [에니띵]
어느 것이든

wrong [렁]
잘못된, 틀린

stain [스테인]
얼룩, 자국

too [투] 너무

tight [타잇] 꽉 끼는

larger [라줘] 더 큰

단어 TIP

large[라줘]는 '큰'이란 뜻의 형용사이고, larger[라줘]는 '더 큰'이란 뜻의 비교급 표현입니다. 비교급은 보통 단어 끝에 -er을 붙여 만드는데, e로 끝나는 단어는 끝에 r만 붙이면 됩니다.

 **pattern 20**

Shall I + 동사 ?

제가 ~할까요?

뭔가를 행동으로 옮기기 전에 상대방이 자신의 행동을 어떻게 생각하는지 알고 싶을 때가 있어요. 이럴 때는 Shall I[쉘 아이] + 동사? 패턴으로 넌지시 물어보면 됩니다. '제가 ~할까요?'라는 의미지요. 내가 어떠한 행동을 해도 될지 상대방의 의향을 물어볼 때 자주 사용하는 표현입니다.

pattern 19

Is there anything wrong with ____?

~에 무슨 문제라도 있나요?

○ 다음 표현을 넣어 문장을 연습해 보세요. 🎧 10-2

1 Is there anything wrong with this belt?
이즈 데어   에니띵   렁   위드   디쓰 벨트

2 Is there anything wrong with that hat?
이즈 데어   에니띵   렁   위드   댓   햇

3 Is there anything wrong with your bag?
이즈 데어   에니띵   렁   위드   유어 백

4 Is there anything wrong with your dress?
이즈 데어   에니띵   렁   위드   유어 드레쓰

1 이 벨트에 무슨 문제라도 있나요?
2 그 모자에 무슨 문제라도 있나요?
3 당신 가방에 무슨 문제라도 있나요?
4 당신 원피스에 무슨 문제라도 있나요?

1 this belt / 2 that hat   여기서 this[디쓰]와 that[댓]은 '이것', '저것'이라는 뜻이 아니라 '이', '그'라는 뜻의 지시형용사로 쓰인 것입니다. 각각 뒤에 나오는 명사 belt[벨트]와 hat[햇]을 꾸며 주는 역할을 하지요. 나와 가까이 있는 물건을 가리킬 때는 this(이)를, 나와 멀리 떨어져 있는 물건이나 손님과 내가 서로 알고 있는 물건을 가리킬 때는 that(저, 그)을 사용하면 됩니다. 귀걸이나 신발처럼 짝으로 이루어진 복수의 물건이라면 these[디즈]와 those[도우즈]를 활용하세요.

Shall I ?

제가 ~할까요?

● 다음 표현을 넣어 문장을 연습해 보세요. 🎧 10-3

1 Shall I gift-wrap it for you?
쉘   아이 기프트 랩   잇 포 유

2 Shall I wrap them separately?
쉘   아이 랩   뎀   쎄퍼러틀리

3 Shall I get you a smaller size?
쉘   아이 겟   유   어 스멀러   싸이즈

4 Shall I throw away the receipt for you?
쉘   아이 뜨로우 어웨이   더 리씻   포 유

1 제가 그걸 선물 포장할까요?
2 제가 그것들을 따로 포장할까요?
3 제가 더 작은 사이즈로 가져다 드릴까요?
4 제가 영수증을 버려 드릴까요?

2 wrap them separately 손님이 여러 개의 선물을 구입했을 때는 각각 따로 포장하는 게 좋을지 물어볼 수 있습니다. wrap[랩]은 '포장하다'라는 뜻의 동사이며 부사 separately[쎄퍼러틀리]는 '따로, 분리하여'라는 뜻입니다.

3 get you a smaller size 동사 get[겟]은 여기서 '가져다 주다'라는 뜻으로 쓰인 것입니다. 한편 smaller[스멀러]는 small(작은)에 -er을 붙여 만든 비교급 표현으로 '더 작은'이란 뜻이 됩니다.

미션 티셔츠를 교환해 주자

● 다음 대화를 듣고 따라 말해 보세요. 10-4

나　Good afternoon. May I help you?
　　굿　　애프터눈　　메이　아이 헬프　유

손님　I would like to exchange this T-shirt.
　　아이 우드　라익 투　익쓰췌인쥐　디쓰　티셔트

나　**Is there anything wrong with it?**
　　이즈 데어　에니띵　　렁　　위드　잇

손님　I bought the wrong size. This is too small on me.
　　아이 버트　더　렁　싸이즈　디쓰　이즈 투　스멀　언 미

나　I see. ❶ **Shall I get you a larger size?**
　　아이 씨　쉘　아이 겟 유　어 라줘　싸이즈

손님　Yes, please.
　　예쓰　플리즈

나　First, I want you to show me the receipt. ❷
　　퍼스트　아이 원트 유　투　쇼우　미　더　리씻

손님　Okay. Here you are.
　　오우케이　히어　유　아

나　Thank you.
　　땡큐

100

옷 가게에 찾아온 외국인 손님이 어제 구입한 티셔츠를 다른 사이즈로 교환해 달라고 합니다. 친절하게 응대해 봅시다.

나   안녕하세요. 도와 드릴까요?

손님   이 티셔츠를 교환하고 싶어요.

나   **그것에 무슨 문제라도 있나요?**

손님   사이즈를 잘못 샀어요. 이건 내게 너무 작아요.

나   알겠습니다.❶ 제가 더 큰 사이즈로 가져다 드릴까요?

손님   네, 부탁해요.

나   우선, 제게 영수증을 보여 줬으면 합니다.❷

손님   알겠어요. 여기 있어요.

나   고맙습니다.

새로 나온 단어

T-shirt [티셔트] 티셔츠
exchange [익쓰췌인쥐] 교환하다
small [스멀] 작은
want [원트] 원하다

표현 들여다보기

❶ **I see.** 동사 see[씨]를 '보다'라는 뜻으로만 알고 있다면 이 말이 왜 '그렇군요', '알겠어요'라는 의미가 되는지 쉽게 납득이 되지 않을 겁니다. see는 '이해하다, 알다'라는 의미가 있어요. 그래서 상대방의 말을 듣고 이해했을 때 '알겠습니다'란 의미로 I see.[아이 씨]라고 말합니다.

❷ **First, I want you to show me the receipt.** 동사 want[원트]는 '원하다'라는 뜻입니다. '저는 ~하길 원합니다'를 I want to[아이 원트 투] + 동사.라고 하는데요, 상대방에게 '저는 당신이 ~하길 원합니다'라고 어떤 행동을 해 달라고 요청할 때는 I want you to[아이 원트 유 투] + 동사.라고 말합니다.

가게에서: 물건 교환해 주기

🎧 이것쯤은 알아 듣자. 🎧 10-5

더 큰 사이즈로 교환하고 싶어요.
I would like to exchange it for a larger size.
아이 우드 라익 투 익쓰췌인쥐 잇 포 어 라줘 싸이즈

✚ '더 큰'은 larger[라줘] 또는 bigger[비거]라고 하며, 반대로 '더 작은'은 smaller[스멀러]라고 합니다.

다른 걸로 교환하고 싶어요.
I would like to exchange it for another one.
아이 우드 라익 투 익쓰췌인쥐 잇 포 어나더 원

이거 다른 색깔로 교환할 수 있을까요?
Can I exchange it for another color?
캔 아이 익쓰췌인쥐 잇 포 어나더 컬러

너무 헐렁해요[커요/작아요].
It's too loose[big/small].
잇쓰 투 루쓰 빅/스멀

✚ too[투]는 '너무 ~한'이란 뜻인데, 사이즈가 맞지 않을 때 It's too[잇쓰 투] 뒤에 다양한 형용사를 넣어 말할 수 있습니다.

지퍼가 고장 났어요.
The zipper is broken.
더 지퍼 이즈 브로우큰

✚ broken[브로우큰]은 '깨진, 부러진, 고장 난'이라는 뜻입니다.

제 영수증 여기 있어요.
Here is my receipt.
히어 이즈 마이 리씻

손님들이 물건을 교환하려는 이유는 다양합니다. 사이즈가 안 맞을 수도 있고, 물건에 하자가 있을 수도 있고, 단순 변심일 가능성도 있지요. 상황에 따라 알맞게 대처해 보세요.

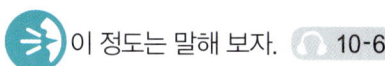 이 정도는 말해 보자. 10-6

이걸 교환하시겠어요?
Do you want to exchange this?
두 유 원트 투 익쓰췌인쥐 디쓰

이걸 다른 사이즈[색]으로 교환하시겠어요?
Would you like to exchange this for another size[color]?
우드 유 라익 투 익쓰췌인쥐 디쓰 포 어나더 싸이즈 컬러

원하시는 치수가 어떻게 되나요?
What size do you want?
왓 싸이즈 두 유 원트

✚ 옷이나 신발 같은 물품을 교환하러 온 손님에게 치수를 확인할 때 쓸 수 있는 표현입니다. '치수가 어떻게 되나요?'는 What's your size? [왓쓰 유어 싸이즈]라고 합니다.

새로운 걸로 갖다 드리겠습니다.
Let me get you a new one.
렛 미 겟 유 어 누 원

영수증을 보여 주실 수 있을까요?
Could you show me the receipt?
쿠드 유 쇼우 미 더 리씻

✚ 영수증을 달라고 할 때는 Can I have your receipt, please?[캔 아이 해브 유어 리씻 플리즈]처럼 말해도 됩니다. 상대방이 영수증을 주면 그것을 내가 가지게(have) 되는 거잖아요. 간단하게 Your receipt, please.[유어 리씻 플리즈]라고 해도 좋습니다.

교환은 구매 후 7일 이내에만 유효합니다.
Exchanges are valid within 7 days of purchase.
익쓰췌인쥐즈 아 밸리드 위딘 쎄븐 데이즈 어브 퍼춰스

11 가게에서 물건 환불해 주기

다음 대화를 듣고 따라 말해 보세요. 11-1

대화 A

나 **Would you like to** exchange it?
    우드   유   라익   투   익쓰췌인쥐   잇

손님 No, I'd like to get a refund.
     노우   아이드 라익 투   겟   어 리펀드

대화 B

나 **Do you have** the receipt?
    두   유   해브   더   리씻

손님 Of course. Here you go.
     어브 코쓰   히어   유   고우

Would you like to + 동사 **?**
~하시겠어요?

매장을 찾아온 손님에게 정중하게 '~하시겠어요?'라고 의향을 묻고 싶을 때는 Would you like to[우드 유 라익 투] + 동사? 패턴을 사용해서 말해 보세요. 물건을 교환하고 싶은지, 아니면 환불받고 싶은지 이 패턴으로 물어볼 수 있습니다.

pattern 21 그걸 교환하시겠어요?
pattern 22 영수증 있으세요?

물건을 구입했던 손님이 매장에 찾아와 환불을 요청할 때 대처할 수 있는 표현을 익혀 봅시다.

새로 나온 단어
get [겟] 받다, 얻다
refund [리펀드] 환불, 환불하다

• 대화 A

나   그걸 교환하시겠어요?

손님   아니요, 환불받고 싶습니다.

• 대화 B

나   영수증 있으세요?

손님   물론이죠. 여기 있어요.

단어 TIP
'환불받다'는 '받다'라는 뜻의 get[겟]이나 receive[리씨브]를 사용해 get a refund [겟 어 리펀드] 또는 receive a refund[리씨브 어 리펀드]라고 합니다.

pattern 22

Do you have + 명사 ?
~가 있으세요?

영수증이나 할인 쿠폰처럼 손님이 갖고 있는 물건을 달라고 할 때는 Do you have [두 유 해브] +명사? 패턴으로 먼저 물어보세요. 직역하면 '~를 가지고 계세요?'란 뜻이니까 '~가 있으세요?'라는 의미가 됩니다.

pattern 21

Would you like to ☐?
~하시겠어요?

○ 다음 표현을 넣어 문장을 연습해 보세요. 🎧 11-2

1 **Would you like to look around?**
   우드   유   라익   투   룩   어라운드

2 **Would you like to try it on?**
   우드   유   라익   투   트라이 잇 언

3 **Would you like to see something cheaper?**
   우드   유   라익   투   씨   썸띵   취퍼

4 **Would you like to have it gift-wrapped?**
   우드   유   라익   투   해브   잇 기프트 랩트

1 둘러보시겠어요?
2 그거 입어 보시겠어요?
3 좀 더 저렴한 것을 보시겠어요?
4 선물 포장하시겠어요?

2 try it on   try on[트라이 언]은 '(옷을) 입어 보다', '(신발을) 신어 보다', '(모자를) 써 보다', '(액세서리를) 해 보다' 등 다양한 뜻을 가진 표현입니다. 중간에 들어간 대명사 it[잇]은 '그것'이란 뜻으로 옷, 모자, 스카프 등 손님이 선택한 다양한 물품을 대신 가리키는 말이지요. 만약 구두나 운동화 같이 두 개가 짝을 이루는 물건을 착용해 보라고 권할 때는 it[잇] 대신 '그것들'이란 뜻의 them[뎀]을 써서 Would you like to try them on?[우드 유 라익 투 트라이 뎀 언]이라고 하면 됩니다.

Do you have ⬚?
~가 있으세요?

○ 다음 표현을 넣어 문장을 연습해 보세요. 🎧 11-3

1 **Do you have any problems?**
   두 유 해브 에니 프라블럼즈

2 **Do you have any other cards?**
   두 유 해브 에니 아더 카즈

3 **Do you have any discount coupons?**
   두 유 해브 에니 디스카운트 쿠판즈

4 **Do you have a membership card?**
   두 유 해브 어 멤버쉽 카드

1 어떤 문제라도 있으세요?
2 다른 카드들 있으세요?
3 할인 쿠폰 있으세요?
4 멤버쉽 카드 있으세요?

3 **any discount coupons** discount[디스카운트]가 '할인'인데, '할인 쿠폰'을 '돈을 절약하는 쿠폰'이라는 뜻의 money-saving coupon[머니 쎄이빙 쿠판]이라고도 합니다.

4 **a membership card** 한국에 거주하고 있는 외국인이라면 적립이 되는 멤버쉽 카드(membership card)를 가지고 있을 수도 있습니다. 물건을 사면 포인트를 적립해 주는 카드를 loyalty card[로열티 카드]라고 하며, 카페에서 커피를 마시면 도장(stamp)을 찍어 주는 형태의 카드는 stamp card[스탬프 카드]라고 합니다.

미션 환불을 요구하는 고객을 응대하자

● 다음 대화를 듣고 따라 말해 보세요. 🎧 11-4

나 　Hello. What can I do for you, sir?❶
　　헬로우　왓　캔　아이 두 포 유　써

손님　I'd like to get a refund on this folding fan.❷
　　아이드 라익 투 겟 어 리펀드 언 디쓰 폴딩 팬

　　My wife bought the same folding fan as this one.
　　마이 와이프 버트 더 쎄임 폴딩 팬 애즈 디쓰 원

나 　Then **would you like to exchange it?**
　　덴 우드 유 라익 투 익쓰췌인쥐 잇

손님　No, I wouldn't. I'd just like a refund.
　　노우 아이 우든트 아이드 저스트 라익 어 리펀드

나 　All right. **Do you have the receipt?**
　　얼 라잇 두 유 해브 더 리씻

손님　No, I threw it out.
　　노우 아이 뜨루 잇 아웃

나 　I'm sorry, but you can't get a refund without
　　아임 쎄리 벗 유 캔트 겟 어 리펀드 위드아웃

　　a receipt.
　　어 리씻

전통공예품을 전문으로 취급하는 우리 가게에서 부채를 구입해 갔던 외국인 손님이 다시 방문해 환불을 요구합니다. 절차에 따라 환불을 진행해 봅시다.

나　　안녕하세요. 뭘 도와 드릴까요, 손님?❶

손님　이 쥘부채를 환불 받고 싶어요.❷
　　　제 아내가 이것과 똑같은 쥘부채를 구입했거든요.

나　　그렇다면 **그걸 교환하시겠어요?**

손님　아니요. 그냥 환불하고 싶어요.

나　　알겠습니다. **영수증 있으세요?**

손님　아니요, 버렸는데요.

나　　죄송하지만 영수증 없이는 환불받을 수 없습니다.

새로 나온 단어

folding [폴딩] 접을 수 있는
fan [팬] 부채
throw out [뜨로우 아웃] 버리다
threw [뜨루] throw의 과거형

• 표현 들여다보기

❶ **What can I do for you, sir?**　손님이 매장에 들어 왔을 때, 가볍게 인사를 건넨 뒤 쓸 수 있는 표현입니다. 직역하면 '당신을 위해 무엇을 해 드릴까요?'라는 뜻인데, '뭘 도와 드릴까요?'라고 손님에게 도움을 제안할 때 흔히 쓰는 표현이지요. '도와 드릴까요?'라는 의미의 May I help you?[메이 아이 헬프 유]와 마찬가지로 손님에게 인사말로 쓸 수 있습니다.

❷ **I'd like to get a refund on this folding fan.**　'환불'을 refund[리펀드]라고 하는데, '~에 대해 환불받다'는 get a refund on[겟 어 리펀드 언]이란 표현을 씁니다. 한편 folding[폴딩]은 '접을 수 있는'이란 뜻이고, fan[팬]은 '부채'라는 뜻인데, 접었다 폈다 할 수 있는 '쥘부채'를 folding fan[폴딩 팬]이라고 하죠.

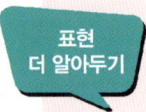

가게에서: 물건 환불해 주기

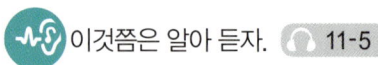 이것쯤은 알아 듣자. 🎧 11-5

환불 받을 수 있나요?
Can I get a refund, please?
캔　　아이 겟　어 리펀드　　　플리즈

이 원피스를 반품하고 싶어요.
I'd like to return this dress.
아이드 라익　투　리턴　　디쓰　드레쓰

✚ return[리턴]은 동사로 '돌려주다, 반품하다'라는 뜻이 있습니다. 한편 '드레스, 원피스' 모두 dress[드레쓰]라고 합니다. one piece라고는 하지 않으므로 주의하세요.

이 신발 환불 받으러 왔어요.
I'm here to get a refund on these shoes.
아임　히어　투　겟　어 리펀드　언　디즈　　슈즈

이 시계에 뭔가 문제가 있어요.
There is something wrong with this watch.
데어　이즈 썸띵　　　　　렁　　위드　디쓰　와취

잘 작동이 안 돼요.
It doesn't work properly.
잇　더즌트　　워크　　프라퍼리

✚ 동사 work[워크]에는 '(기계가) 작동하다'라는 뜻이 있습니다. 카메라, 스마트폰 등의 전자기기가 고장 났을 때 이렇게 말할 수 있습니다.

그거 구입했을 때는 몰랐어요.
I didn't notice when I bought it.
아이 디든트　　노우티쓰　웬　　아이 버트　　　잇

환불은 교환보다 진행 절차가 더 까다롭습니다. 환불이 불가능할 때는 손님에게 가게의 환불 규정을 친절하게 알려 주면 좋습니다.

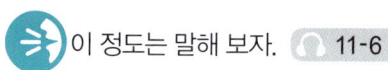 이 정도는 말해 보자. 11-6

손님의 재킷을 볼 수 있을까요?
Can I look at your jacket, please?
캔 아이 룩 앳 유어 줴킷 플리즈

+ look at[룩 앳]은 '~를 보다'라는 뜻입니다. 대신 see[씨]를 써도 좋습니다.

이걸 어떻게 계산하셨죠?
How did you pay for this?
하우 디드 유 페이 포 디쓰

현금으로 계산하셨다면 현금으로 드릴게요.
If you paid in cash, we'll give you cash.
이프 유 페이드 인 캐쉬 위일 기브 유 캐쉬

가게 규정상 환불이 안됩니다.
It's against store policy to give refunds.
잇쓰 어겐스트 스토어 팔러씨 투 기브 리펀즈

+ against[어겐스트]에는 '(법이나 원칙에) 어긋난'이라는 뜻이 있습니다. 그래서 against store policy[어겐스트 스토어 팔러씨]는 '가게 규정에 어긋난'이라는 뜻이 되지요.

영수증이 없으면 환불이 안 됩니다.
No receipt, no refund.
노우 리씻 노우 리펀드

교환해 드릴 수는 있지만 환불은 안 됩니다.
We can exchange it, but no refund.
위 캔 익쓰췌인쥐 잇 벗 노우 리펀드

111

생활 속 영어 TIP

장사할 때 알아 두면 유용한 단어

11-7

MP3로 들으세요

색이나 소재, 무늬, 사이즈 등 제품을 설명하는 단어를 잘 알아두면 물건을 판매할 때 도움이 됩니다. 손님에게 제품을 영업할 때 유용한 단어를 모았으니 잘 기억해 뒀다가 물건 팔 때 활용해 보세요.

색깔 color

노란색	yellow [옐로우]
주황색	orange [어린쥐]
빨간색	red [레드]
진홍색	burgundy [버건디]
분홍색	pink [핑크]
초록색	green [그린]
카키색	khaki [카키]
파란색	blue [블루]
남색	navy [네이비]
보라색	purple [퍼플]
갈색	brown [브라운]
베이지색	beige [베이쥐]
회색	gray [그레이]
검은색	black [블랙]
하얀색	white [와잇]
상아색, 아이보리색	ivory [아이버리]
은색	silver [씰버]
금색	gold [고울드]

소재 material

직물, 천 fabric [패브릭]
면 cotton [카튼]
나일론 nylon [나일란]
비단, 실크 silk [씰크]
레이온, 인견 rayon [레이안]
폴리에스테르 polyester [폴리에스터]
양모, 울 wool [울]
모피 fur [퍼]
거위털 goose down [구스 다운]
오리털 duck down [덕 다운]
캐시미어 cashmere [캐쥬미어]
극세사 microfiber [마이크로파이버]
가죽 leather [레더]
소가죽 cowhide [카우하이드]
인조 가죽
imitation leather [이미테이션 레더]
에나멜 가죽
patent leather [패튼트 레더]
고무 rubber [러버]
강철 steel [스틸]
종이 paper [페이퍼]

무늬 pattern

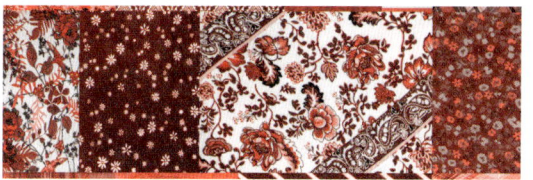

줄무늬 stripes [스트라입쓰]
바둑판무늬 checker [췌커]
격자무늬 plaid [플래드]
꽃무늬 flower pattern [플라워 패턴]
물방울무늬 polka dots [폴카 다츠]
빗살무늬 herringbone [헤링보운]
아메바무늬 paisley [페이즐리]

사이즈 size

작은, 소(S) small [스멀]
중간의, 중(M) medium [미디엄]
큰, 대(L) large [라쥐]
특대(XL) extra large [엑스트러 라쥐]
특소(XS) extra small [엑스트러 스멀]
꽉 낀 tight [타잇]
헐렁한 loose [루쓰]

생활 속 영어 TIP

손님을 끌어들이는 홍보 문구

11-8

MP3로 들으세요

외국인 손님을 가게 안으로 끌어들일 수 있는 다양한 홍보 문구를 소개합니다.

가게 문 앞이나 가게 안의 판매대 앞에 써 붙여서 손님의 시선을 사로잡아 보세요.

영업 안내

어서 들어 오세요
Please come in [플리즈 컴 인]

들어 오세요. 영업합니다.
Come in. We're open. [컴 인 위어 오우픈]

환영합니다
Welcome [웰컴]

영어 가능합니다
English spoken here
[잉글리쉬 스포우큰 히어]

영업 중
Open [오우픈]

영업 종료
Closed [클로우즈드]

음식이나 음료 반입 금지
No food or drinks allowed
[노우 푸드 오어 드링쓰 얼라우드]

세일 안내

세일, 할인 판매
Sale [쎄일]

모든 물건 세일
Everything on sale [에브리띵 언 쎄일]

지금 세일 중
Sale on now [쎄일 언 나우]

재고정리 세일
Clearance sale [클리어런쓰 쎄일]

폐점 할인
Closing down sale [클로우징 다운 쎄일]

점포정리 세일
Store closing sale [스토어 클로우징 쎄일]

점포정리 세일
Liquidation sale [리퀴데이션 쎄일]

모든 물건 몽땅 처분합니다!
Everything must go!
[에브리띵 머스트 고우]

하나 사면 하나 무료(1+1)
Buy 1, get 1 free [바이 원 겟 원 프리]

두 개 사면 하나 무료(2+1)
Buy 2, get 1 free [바이 투 겟 원 프리]

하나 구입하면 하나는 반값
Buy one, get one half price
[바이 원 겟 원 해프 프라이쓰]

반액 할인 판매
Half-price sale [해프 프라이쓰 쎄일]

최저 가격 보상
Lowest price guarantee
[로우이스트 프라이쓰 게런티]

상품 안내

신상품
New arrivals [누 어라이벌즈]

가장 잘 팔리는 상품
Top seller [탑 쎌러]

(화장품, 향수의) 샘플, 시용 제품
tester [테스터]

면세의, 비과세의
Tax free [택쓰 프리]

오늘의 특가
Today's deals [투데이즈 딜즈]

특가품, 파격 세일 제품
Special offer [스페셜 어퍼]

할인율 안내

20퍼센트 할인
20% Off [트웬티 퍼쎈트 어프]

최대 50퍼센트 할인
Up to 50% Off [업 투 피프티 퍼쎈트 어프]

모든 상품 70퍼센트 할인
70% OFF EVERYTHING
[쎄븐티 퍼쎈트 어프 에브리띵]

마지막 80퍼센트 세일
Final 80% sale [파이늘 에이티 퍼쎈트 쎄일]

관광지에서
일할 때

12 관광지 입구에서 **관람 안내하기**

13 관광지에서 **관광지 안내하기**

14 관광안내소에서 **관광 정보 제공하기**

15 관광안내소에서 **길 안내하기**

16 관광지에서 **위급상황 도와주기**

WELCOME

12 관광지 입구에서
관람 안내하기

○ 다음 대화를 듣고 따라 말해 보세요. 🎧 12-1

대화 A

나　**How many** tickets **do you need**?
　　하우　메니　티킷츠　두 유 니드

손님　One adult and two children, please.
　　원　어덜트　앤　투　췰드런　플리즈

대화 B

나　**You're not allowed to** take pictures here.
　　유어　낫　얼라우드　투 테익 픽춰즈 히어

손님　Oh, sorry. I didn't know that.
　　오우　쏘리　아이 디든트 노우 댓

pattern 23

How many + 명사 **+ do you need?**

얼마나 많은 ~가 필요하세요?

How many[하우 메니]는 '얼마나 많은'이라는 뜻으로, 수량을 물어볼 때 쓰는 표현입니다. 매표소에서 입장권이나 안내책자가 몇 개 필요한지 물어볼 때 How many[하우 메니] + 명사 + do you need[두 유 니드]? 패턴을 활용해 보세요. '얼마나 많은 ~가 필요하세요?'라는 뜻입니다.

pattern 23 표가 몇 장 필요하세요?
 pattern 24 여기서 사진 촬영하시면 안 됩니다.

○ 관광지에 찾아온 외국인 여행객을 맞이하면서 표나 안내책자가 얼마나 필요한지 물어보고, 관람 수칙도 안내합시다.

• **대화 A**

나 표가 몇 장 필요하세요?

손님 성인 한 장과 어린이 두 장 주세요.

• **대화 B**

나 여기서 사진 촬영하시면 안 됩니다.

손님 오, 미안해요. 몰랐어요.

새로 나온 단어

ticket [티킷]
표, 입장권

adult [어덜트] 성인

children [칠드런]
어린이들 (child의 복수형)

allow [얼라우]
허락하다, 허용하다

take [테익]
(사진을) 찍다

picture [픽춰] 사진

단어 TIP

'(한 명의) 어린이'는 child[차일드]라고 하지만, 두 명 이상의 어린이들을 나타낼 때는 children[칠드런]이라고 합니다.

You're not allowed to + 동사 .
~하시면 안 됩니다.

allow는 '(무엇을 하도록) 허용하다'라는 뜻의 동사로, be allowed to[비 얼라우드 투]는 '~하는 것이 허용되다'라는 뜻입니다. 그래서 You're not allowed to[유어 낫 얼라우드 투] + 동사.는 '당신은 ~하는 것이 허용되지 않습니다'라는 의미가 되지요. 즉 '~하시면 안 됩니다'라고 정중하게 말할 때 쓰는 패턴입니다.

pattern 23

How many ☐ do you need?

얼마나 많은 ~가 필요하세요?

○ 다음 표현을 넣어 문장을 연습해 보세요. 🎧 12-2

1. **How many brochures do you need?**
   하우 메니 브로우슈어즈 두 유 니드

2. **How many tourist maps do you need?**
   하우 메니 투어리스트 맵쓰 두 유 니드

3. **How many copies do you need?**
   하우 메니 카피즈 두 유 니드

4. **How many seats do you need?**
   하우 메니 씻츠 두 유 니드

1. 얼마나 많은 **안내책자**가 필요하세요?
2. 얼마나 많은 **관광 지도**가 필요하세요?
3. 얼마나 많은 **부수**가 필요하세요?
4. 얼마나 많은 **좌석**이 필요하세요?

2 tourist maps tourist[투어리스트]는 '관광객'이란 뜻이고 map[맵]은 '지도'라는 뜻입니다. 지도에 주요 관광지를 함께 정리해 놓은 '관광 지도'를 tourist map[투어리스트 맵]이라고 합니다.

3 copies copy[카피]는 '(책의) 한 부'를 뜻하는 단어입니다. 그래서 책자, 지도, 가이드북 같은 다양한 관광 자료를 두고 '몇 부 필요하세요?'라고 할 때 How many copies do you need?라고 물어볼 수 있습니다.

You're not allowed to _____.

~하시면 안 됩니다.

○ 다음 표현을 넣어 문장을 연습해 보세요. 🎧 12-3

1 **You're not allowed to touch anything.**
유어 낫 얼라우드 투 터취 에니띵

2 **You're not allowed to use a flash.**
유어 낫 얼라우드 투 유즈 어 플래쉬

3 **You're not allowed to smoke here.**
유어 낫 얼라우드 투 스모욱 히어

4 **You're not allowed to bring food inside.**
유어 낫 얼라우드 투 브링 푸드 인싸이드

1 아무 것도 만지시면 안 됩니다.
2 플래시는 사용하시면 안 됩니다.
3 여기서 담배 피우시면 안 됩니다.
4 음식물 가지고 들어오시면 안 됩니다.

2 **use a flash** 박물관이나 미술관 중에서는 사진 촬영은 허용하더라도 플래시 사용은 금지하는 경우도 많습니다. '(카메라의) 플래시'를 flash[플래쉬]라고 하며, '사용하다'라는 뜻의 동사는 use[유즈]입니다.

4 **bring food inside** bring[브링]은 '가져 오다'란 뜻이고 inside[인싸이드]는 '안으로'라는 뜻입니다. 음료를 가지고 들어오려는 관광객이 있다면 food[푸드: 음식] 대신 drinks[드링쓰: 음료]를 넣어 말해 보세요.

미션 박물관 입장권을 판매하자

🔴 다음 대화를 듣고 따라 말해 보세요. 🎧 12-4

손님 Hi. Can I buy a ticket here?
하이 캔 아이 바이 어 티킷 히어

나 Sure, you can. **How many tickets do you need?**
슈어 유 캔 하우 메니 티킷츠 두 유 니드

손님 One adult, please. What is the admission fee?❶
원 어덜트 플리즈 왓 이즈 디 애드미션 피

나 It's 3,000 won.
잇쓰 뜨리 따우전드 원

손님 Okay. Here you go.
오우케이 히어 유 고우

나 Thank you. Here are your ticket and change.❷
땡큐 히어 아 유어 티킷 앤 췌인쥐

손님 By the way, can I take pictures inside?
바이 더 웨이 캔 아이 테익 픽춰즈 인싸이드

나 Sorry, but **you're not allowed to take pictures.**
쏘리 벗 유어 낫 얼라우드 투 테익 픽춰즈

손님 Oh, I see.
오우 아이 씨

박물관 매표소에 외국인 관광객이 표를 구입하러 왔습니다. 입장료가 얼마인지 알려주고 박물관 관람 수칙도 안내해 봅시다.

손님　안녕하세요. 여기서 입장권 구입할 수 있나요?

나　　네, 구입할 수 있습니다. **표가 몇 장 필요하세요?**

손님　성인 한 장 주세요. 입장료는 얼마예요?❶

나　　3천원입니다.

손님　알겠어요. 여기 있어요.

나　　고맙습니다. 입장권과 잔돈 여기 있습니다.❷

손님　그런데요, 안에서 사진 찍을 수 있을까요?

나　　죄송하지만, **사진 촬영하시면 안 됩니다.**

손님　오, 알겠어요.

새로 나온 단어

buy [바이] 사다, 구입하다
admission [애드미션] 입장
fee [피] 요금
by the way [바이 더 웨이] 그런데, 그건 그렇고
inside [인싸이드] ~안에서

• 표현 들여다보기

❶ **What is the admission fee?**　'입장료'를 영어로 admission fee[애드미션 피] 또는 entrance fee[엔트런쓰 피]라고 합니다. admission과 entrance 모두 '입장'을 뜻하는 단어예요. 관광객이 입장료가 얼마인지 물어볼 때는 How much is ~?[하우 머취 이즈]로 물어볼 수도 있으니 함께 기억해 두세요.

❷ **Here are your ticket and change.**　물건 하나를 건네주면서 '~가 여기 있습니다' 하고 말할 때는 Here is your[히어 이즈 유어] + 명사.로 말하는데, 표와 거스름돈처럼 여러 개의 물건을 건네줄 때는 복수형 are[애]를 활용해 Here are your[히어 아 유어] + 명사.로 말할 수 있습니다.

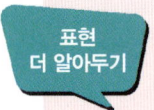

관광지 입구에서: 관람 안내하기

🎧 이것쯤은 알아 듣자. 12-5

표는 어디서 구입할 수 있나요?
Where can I buy a ticket?
웨어   캔   아이 바이 어 티킷

매표소는 어디에 있어요?
Where is the ticket office?
웨어   이즈 더   티킷   어피쓰

➕ 표를 판매하는 '매표소'를 ticket office[티킷 어피쓰]라고 합니다.

학생 할인을 받을 수 있나요?
Can I get a student discount?
캔   아이 겟   어   스튜든트   디스카운트

➕ discount[디스카운트]는 '할인'이라는 뜻으로, '고령자 할인'은 senior discount[씨니어 디스카운트]라고 합니다.

박물관 관람시간은 어떻게 되나요?
What are the museum's hours?
왓   아   더   뮤지엄즈   아워즈

무료 안내책자를 얻을 수 있을까요?
Can I get a free brochure?
캔   아이 겟 어 프리   브로우슈어

영어로 된 오디오 가이드 있어요?
Do you have an audio guide in English?
두 유   해브   언   어디오우   가이드   인   잉글리쉬

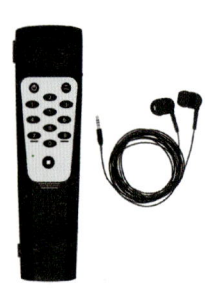

박물관이나 미술관 등 관광지 매표소에서 표를 판매할 때 쓸 수 있는 표현과 관람 시간과 무료 제공 책자 등 관람을 안내하는 표현을 익혀 봅시다.

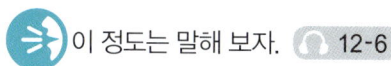 이 정도는 말해 보자. 12-6

학생과 고령자들은 50퍼센트 할인됩니다.
Students and seniors get 50% off.
스튜든츠 앤 씨니어즈 겟 피프티 퍼쎈트 어프

모든 표가 매진입니다.
All tickets are sold out.
얼 티킷츠 아 쏘울드 아웃

✚ sold out[쏘울드 아웃]은 '매진된, 다 팔린'이라는 뜻입니다.

아침 9시부터 오후 6시까지 문을 엽니다.
We are open from 9 a.m. to 6 p.m.
위 아 오우픈 프럼 나인 에이엠 투 식쓰 피엠

오후 6시에 폐관합니다.
We close at 6 p.m.
위 클로우즈 앳 식쓰 피엠

5시에는 입장을 금지합니다.
We stop admitting people at 5 p.m.
위 스탑 어드미팅 피플 앳 파이브 피엠

무료 책자는 입구에서 제공됩니다.
Free brochures are available at the entrance.
프리 브로우슈어즈 아 어베일러블 앳 디 엔트런쓰

✚ brochure[브로우슈어]는 '안내책자'를 말합니다. 한국에서는 흔히 '브로셔'라고 하는데 발음에 주의하세요.

13 관광지에서
관광지 안내하기

다음 대화를 듣고 따라 말해 보세요. 🎧 13-1

대화 A

나   **Welcome to** the Korean Folk Village.
     웰컴   투   더   코리언   포욱   빌리쥐

손님 Thank you.
     땡큐

대화 B

나   **We're going to** visit the nobleman's mansion.
     위어   고우잉   투   비짓   더   노우블먼즈
     맨션

손님 That sounds interesting.
     댓   싸운즈   인터레스팅

Welcome to + 명사 **.**

~에 오신 걸 환영합니다.

관광객에게 '~에 오신 걸 환영합니다'라고 환영 인사를 건넬 때 사용하는 패턴이 바로 Welcome to[웰컴 투] + 명사.입니다. 동사 welcome은 '환영하다, (반갑게) 맞이하다'라는 뜻인데, 전치사 to 다음에 장소를 나타내는 명사를 넣어 말하면 됩니다. 호텔이나 식당에서 들어온 손님에게 인사를 건넬 때도 활용할 수 있는 표현입니다.

pattern 25 한국 민속촌에 오신 걸 환영합니다.
 pattern 26 우리는 양반의 저택을 방문할 겁니다.

● 관광지를 찾아온 외국인 관광객과 투어를 진행하면서 여기 저기를 안내할 때 쓸 수 있는 표현을 익혀 봅시다.

새로 나온 단어

welcome [웰컴] 환영하다

folk [포욱] 민속의

village [빌리쥐] 마을

visit [비짓] 방문하다

nobleman [노우블먼] 귀족

mansion [맨션] 대저택

sound [싸운드] ~처럼 들리다

interesting [인터레스팅] 흥미로운, 재미있는

• **대화 A**

나   한국 민속촌에 오신 걸 환영합니다.

손님   고마워요.

• **대화 B**

나   우리는 양반의 저택을 방문할 겁니다.

손님   흥미롭겠네요.

pattern 26

We're going to + 동사 .

우리는 ~할 겁니다.

관광지를 안내하면서 다음 여행 일정을 관광객에게 알려 줄 때는 가까운 미래의 계획을 나타내는 be going to(~할 예정이다)를 활용해서 말해 보세요. We're going to [위어 고우잉 투] + 동사.는 '우리는 ~할 겁니다'란 뜻인데, We're[위어]는 We are[위 아]의 줄임말입니다.

Welcome to ☐.

~에 오신 걸 환영합니다.

○ 다음 표현을 넣어 문장을 연습해 보세요. 🎧 13-2

1 Welcome to **Korea**.
웰컴   투   코리어

2 Welcome to **Busan**.
웰컴   투   부산

3 Welcome to **N Seoul Tower**.
웰컴   투   엔 서울   타워

4 Welcome to **the National Museum of Korea**.
웰컴   투   더   내셔널   뮤지엄   어브 코리어

1 한국에 오신 걸 환영합니다.
2 부산에 오신 걸 환영합니다.
3 N 서울 타워에 오신 걸 환영합니다.
4 국립중앙박물관에 오신 걸 환영합니다.

3 N Seoul Tower 남산 꼭대기에 위치한 타워로, 옛 이름인 Namsan Tower(남산 타워) 대신 지금은 N Seoul Tower라는 명칭을 쓰고 있습니다. 서울을 한눈에 내려 다 볼 수 있어 외국인 관광객들에게 인기가 많은 관광지입니다.

4 the National Museum of Korea 용산에 위치한 '국립중앙박물관'을 영어로는 이렇게 말합니다. 형용사 national[내셔널]은 '국가의, 국립의'라는 뜻이며 museum [뮤지엄]은 '박물관'을 뜻하는 명사입니다.

pattern 26

We're going to ☐.

우리는 ~할 겁니다.

○ 다음 표현을 넣어 문장을 연습해 보세요. 🎧 13-3

1 **We're going to visit some temples.**
   위어   고우잉   투   비짓   썸   템플즈

2 **We're going to take a cable car.**
   위어   고우잉   투   테익   어   케이블   카

3 **We're going to have dinner soon.**
   위어   고우잉   투   해브   디너   쑨

4 **We're going to see a traditional performance.**
   위어   고우잉   투   씨   어   트러디셔널   퍼포먼쓰

1 우리는 **절 몇 군데를 방문할** 겁니다.
2 우리는 **케이블카를 탈** 겁니다.
3 우리는 **곧 저녁식사를 할** 겁니다.
4 우리는 **전통 공연을 볼** 겁니다.

---

2 **take a cable car** 남산이나 설악산처럼 높은 곳에 위치한 관광지에는 케이블카가 설치된 곳이 많습니다. car[카]는 '차'란 뜻인데요, 케이블(굵은 철제 밧줄)에 매달려 공중으로 가는 교통수단을 cable car[케이블 카]라고 하지요. '(교통수단을) 타다'라고 할 때는 동사 take[테익]을 사용합니다.

4 **see a traditional performance** traditional[트러디셔널]은 '전통적인'이란 뜻이며 performance[퍼포먼쓰]는 '공연'을 뜻합니다.

미션 관광지에서 투어를 진행하자

🔊 다음 대화를 듣고 따라 말해 보세요. 🎧 13-4

나　**Hello. Welcome to the Korean Folk Village.**
헬로우　웰컴　　　투　더　코리언　포욱　빌리쥐

　　I'm your tour guide, Yejin.
아임　유어　투어　가이드　예진

손님　Hi, Yejin. Nice to meet you.❶
하이 예진　나이쓰 투 밋 유

나　**First, we're going to visit the nobleman's mansion.**
퍼스트　위어　고우잉　투 비짓 더　노우블먼즈　맨션

　　Please follow me.
플리즈　팔로우 미

손님　Wow, these are awesome! What are these?
와우 디즈 아 어썸　왓 아 디즈

나　They're Korean traditional totem poles.
데이어　코리언　트러디셔널　토우텀 포울즈

　　They are called *Jangseung*.❷
데이 아 컬드　장승

손님　They look so unique. I like them.
데이 룩 쏘우 유닉　아이 라익 뎀

한국 민속촌을 찾은 외국인 관광객을 데리고 투어에 나섰습니다. 함께 길을 걸어가면서 관광객이 궁금해 하는 물건이 뭔지도 알려 줍시다.

나	안녕하세요. **한국 민속촌에 오신 걸 환영합니다.** 전 여러분의 여행 가이드, 예진입니다.
손님	안녕하세요, 예진. 만나서 반가워요. ❶
나	**우선, 우리는 양반의 저택을 방문할 겁니다.** 절 따라오세요.
손님	와, 멋있네요! 이것들은 뭐예요?
나	그것들은 한국의 전통적인 토템 기둥입니다. '장승'이라고 해요. ❷
손님	아주 독특해 보이네요. 맘에 들어요.

새로 나온 단어

tour guide [투어 가이드] 여행 가이드
meet [밋] 만나다
follow [팔로우] 따라가다
awesome [어썸] 멋진, 굉장한
totem [토우텀] 토템 (신성시되는 상징물)
pole [포울] 기둥, 장대
unique [유닉] 독특한

• 표현 들여다보기

❶ **Nice to meet you.** 처음 만난 사람에게 '만나서 반갑습니다'라고 인사를 건넬 때 쓰는 표현입니다. 여기에 대한 답변으로 '저 역시 만나서 반갑습니다'라고 할 때는 '~도, ~ 역시'라는 뜻의 too[투]를 덧붙여 Nice to meet you, too.[나이쓰 투 밋 유 투] 라고 답하면 되지요. 간단히 줄여서 You too.[유 투]라고만 해도 됩니다.

❷ **They are called *Jangseung*.** call[콜]은 '~라고 부르다'라는 뜻의 동사인데, be called[비 콜드]라고 수동태로 쓰면 '~라고 불리다'라는 뜻이 됩니다. 관광객이 궁금해 하는 물건 이름이나 관광지의 이름을 알려 줄 때 활용할 수 있는 표현이므로 잘 익혀 두세요.

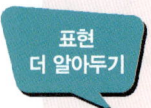

관광지에서: 관광지 안내하기

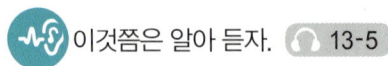 이것쯤은 알아 듣자. 13-5

정말 아름다워요.
It's so beautiful.
잇쓰 쏘우 뷰티플

다시 방문할 가치가 있는 것 같아요.
I think it's worth revisiting.
아이 띵크 잇쓰 월뜨 리비지팅

➕ revisit은 '다시 방문하다'라는 뜻인데, 'worth + 동사ing'는 '～할 가치가 있는'이란 뜻입니다.

이 장소는 이름이 뭐예요?
What is this place called?
왓 이즈 디쓰 플레이쓰 컬드

저건 뭔가요?
What is that?
왓 이즈 댓

그건 언제 지은 건가요?
When was it built?
웬 워즈 잇 빌트

➕ built[빌트]는 '짓다, 건설하다'라는 뜻을 가진 build[빌드]의 과거분사로 '지어진'의 뜻으로 이해하면 됩니다. 건물이 지어진 연도를 알려 줄 때는 It was built in[잇 워즈 빌트 인] + 연도.로 답하면 됩니다.

저희 사진 좀 찍어 주실래요?
Could you take a picture of us?
쿠드 유 테익 어 픽춰 어브 어쓰

외국인 관광객을 데리고 투어를 진행하면서 관광지를 안내하고 인원을 통솔할 때 쓸 수 있는 표현을 익혀 봅시다.

이 정도는 말해 보자.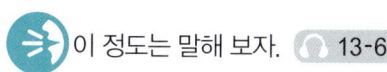

이곳이에요(다 왔습니다).
This is it.
디쓰 이즈 잇

+ 관광버스를 타고 단체 투어를 진행할 때 목적지에 도착하게 되면 '다 왔습니다' 또는 '이곳이에요'처럼 말하는데, 영어로는 간단하게 This is it.이라고 합니다.

가이드 안내는 10분 후에 시작됩니다.
A guided tour will start in 10 minutes.
어 가이디드 투어 윌 스타트 인 텐 미닛츠

+ 전치사 in 뒤에 시간이 나올 때는 '~안에'가 아닌 '~후에'라는 의미가 됩니다.

버스로 오후 5시까지 돌아오세요.
Please come back to the bus by 5 p.m.
플리즈 컴 백 투 더 버쓰 바이 파이브 피엠

그룹을 벗어나지 마세요.
Please stay with the group.
플리즈 스테이 위드 더 그룹

이동합시다.
Let's move on.
렛츠 무브 언

사진 찍어 드릴까요?
Do you want me to take a picture of you?
두 유 원 미 투 테익 어 픽춰 어브 유

14 관광안내소에서 관광 정보 제공하기

🔸 다음 대화를 듣고 따라 말해 보세요. 🎧 14-1

대화 A

나 **Which** place **would you like to visit**?
　　위취　플레이쓰　우드　유　라익　투　비짓

손님 I'd like to visit a traditional palace.
　　아이드 라익　투　비짓　어　트러디셔널　팰리쓰

대화 B

손님 Can you recommend some places to visit?
　　캔　유　레커멘드　썸　플레이씨즈　투　비짓

나 **I'd like to** recommend Namdaemun Market.
　　아이드 라익　투　레커멘드　남대문　마킷

Which + 명사 + would you like to visit?
어떤 ~를 방문하고 싶으세요?

관광객에게 가고 싶은 장소가 어디인지 물어볼 때는 Which[위취] + 명사 + would you like to visit[우드 유 라익 투 비짓]? 패턴을 사용하면 됩니다. '어떤 ~를 방문하고 싶으세요?'라는 의미지요. which[위취]는 '어떤', 동사 visit[비짓]은 '방문하다'라는 뜻입니다.

pattern 27 어떤 장소를 방문하고 싶으세요?
 **pattern 28** 남대문 시장을 추천하고 싶습니다.

○ 관광 정보를 얻기 위해 관광안내소에 방문한 외국인에게 정보를 제공하고 관광지를 추천해 봅시다.

새로 나온 단어

place [플레이쓰] 장소
palace [팰리쓰] 궁전, 궁궐
market [마킷] 시장

• 대화 A

나 어떤 장소를 방문하고 싶으세요?

손님 전통적인 궁궐을 방문하고 싶어요.

• 대화 B

손님 방문할 만한 장소 좀 추천해 줄래요?

나 남대문 시장을 추천하고 싶습니다.

단어 TIP

palace[팰리쓰]는 경복궁(Gyeongbokgung Palace)처럼 한국의 궁궐을 영어로 나타낼 때 많이 활용하는 단어입니다.

pattern 28

I'd like to + 동사 .

~하고 싶습니다.

I'd[아이드]는 I would[아이 우드]의 줄임말입니다. would like to[우드 라익 투]는 '~하고 싶다'라는 뜻으로, '~하고 싶습니다'라고 말할 때 I would like to[아이 우드 라익 투] + 동사.를 활용해 보세요. 뭔가를 추천하고 싶을 때나 알려 주고 싶을 때 이 패턴을 사용해서 표현할 수 있습니다.

Which ▭ would you like to visit?
어떤 ~를 방문하고 싶으세요?

○ 다음 표현을 넣어 문장을 연습해 보세요. 🎧 14-2

1 **Which city would you like to visit?**
   위취   씨티   우드   유   라익   투   비짓

2 **Which beach would you like to visit?**
   위취   비취   우드   유   라익   투   비짓

3 **Which museum would you like to visit?**
   위취   뮤지엄   우드   유   라익   투   비짓

4 **Which market would you like to visit?**
   위취   마킷   우드   유   라익   투   비짓

1 어떤 **도시**를 방문하고 싶으세요?
2 어떤 **해변**을 방문하고 싶으세요?
3 어떤 **박물관**을 방문하고 싶으세요?
4 어떤 **시장**을 방문하고 싶으세요?

4 market 시장은 현지인들의 살아가는 모습을 직접적으로 경험할 수 있는 인기 관광명소입니다. market[마킷]은 '시장'을 뜻하는데 동대문 시장, 남대문 시장 같은 '전통 시장'을 traditional market[트러디셔널 마킷]이라고 합니다. 신선한 해산물을 살 수 있는 '수산물 시장'은 fish market[피쉬 마킷]이라고 하며, '벼룩 시장'은 flea market[플리 마킷]이라고 하지요.

pattern 28

I'd like to _____ .

~하고 싶습니다.

○ 다음 표현을 넣어 문장을 연습해 보세요. 🎧 14-3

1 **I'd like to recommend Gyeongju.**
   아이드 라익 투 레커멘드 경주

2 **I'd like to show you around.**
   아이드 라익 투 쇼우 유 어라운드

3 **I'd like to take you there.**
   아이드 라익 투 테익 유 데어

4 **I'd like to explain how to get there.**
   아이드 라익 투 익스플레인 하우 투 겟 데어

1 경주를 추천하고 싶습니다.
2 주변을 당신에게 안내하고 싶습니다.
3 당신을 그곳에 데려다 드리고 싶습니다.
4 그곳에 어떻게 가는지 설명하고 싶습니다.

2 **show you around** 'show + 사람 + around'는 '주위를 ~에게 안내하다'란 뜻입니다. 동사 show[쇼우]는 여기서 '보여 주다'란 뜻이 아니라 '안내하다'라는 의미로 쓰인 것입니다.

4 **explain how to get there** 'how to[하우 투] + 동사'는 '어떻게 ~하는지', 즉 '~하는 방법'이라는 뜻입니다. 그래서 how to get there[하우 투 겟 데어]는 '그곳에 어떻게 가는지', '그곳에 가는 방법'이라는 뜻이 되지요.

미션: 관광 정보를 제공하자

🔊 다음 대화를 듣고 따라 말해 보세요. 🎧 14-4

손님: Hello. Can I have a city map, please?❶

나: Of course. You can take one of these.

손님: Thank you.

나: By the way, **which place would you like to visit?**

손님: I'd like to visit a traditional market.
Where would you recommend?

나: **I'd like to recommend Namdaemun Market.**
It's one of the biggest markets in Seoul.❷

손님: Sounds great. Thank you for the information.

외국인 여행객이 관광안내소에 들어와 지도를 찾습니다. 관광객이 원하는 정보를 제공하고 방문할 만한 관광지도 적극적으로 추천해 봅시다.

손님 안녕하세요. 시내 지도를 좀 받을 수 있을까요? ❶

나 물론이죠. 이것 중에 하나 가져가시면 돼요.

손님 고마워요.

나 그건 그렇고, 어떤 장소를 방문하고 싶으세요?

손님 전통 시장을 방문하고 싶어요.
어느 곳을 추천하시겠어요?

나 남대문 시장을 추천하고 싶습니다.
서울에서 가장 큰 시장 중 하나거든요. ❷

손님 그거 괜찮네요. 정보 고마워요.

새로 나온 단어

have [해브] 가지다
city map [씨티 맵] 시내 지도
where [웨어] 어디
biggest [비기스트] 가장 큰
information [인포메이션] 정보

표현 들여다보기

❶ **Can I have a city map, please?** 관광객이 지도나 책자를 달라고 요청할 때는 Can I have[캔 아이 해브] ~?로 물어보는 경우가 많습니다. '제가 ~를 가질 수 있을까요?'라고 물어보는 거니까 '~ 좀 주실래요?'라는 뜻이나 마찬가지지요.

❷ **It's one of the biggest markets in Seoul.** biggest는 형용사 big(큰)의 최상급 형태입니다. 관광지를 소개하면서 '가장 ~한 것 중 하나'라고 설명할 때 'one of the + 최상급 + 복수명사' 표현을 씁니다. 예를 들어 '그건 한국에서 가장 오래된 절 중 하나입니다'는 It's one of the oldest temples in Korea.[잇쓰 원 어브 디 오울디스트 템플즈 인 코리어], '그건 세계에서 가장 높은 건물 중 하나입니다'는 It's one of the tallest buildings in the world.[잇쓰 원 어브 더 톨리스트 빌딩즈 인 더 월드]라고 합니다. 한국어에서는 '가장 ~한 것 중의 하나'는 불가능한 개념이지만, 영어에서는 이렇게 자주 씁니다.

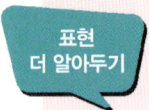
관광안내소에서: 관광 정보 제공하기

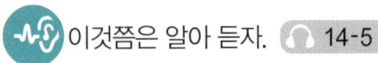 이것쯤은 알아 듣자. 🎧 14-5

관광안내소는 어디에 있어요?
Where is the tourist information center?
웨어　　이즈 더　　투어리스트　　인포메이션　　쎈터

+ tourist[투어리스트]는 '관광객'이란 뜻이고 information[인포메이션]은 '정보'라는 뜻인데요, 관광객에게 정보를 제공하는 '관광안내소'를 tourist information center[투어리스트 인포메이션 쎈터]라고 합니다.

시내 지도 있어요?
Do you have a city map?
두 유　　해브　　어 씨티　맵

영어로 된 지도 있어요?
Do you have a map in English?
두 유　　해브　　어 맵　　인 잉글리쉬

서울의 관광 지도를 얻고 싶어요.
I'd like to get a tourist map of Seoul.
아이드 라익 투 겟　어 투어리스트　맵　　어브 서울

+ 지도에 각종 관광지가 표시되어 있는 '관광 안내 지도'를 tourist map[투어리스트 맵]이라고 합니다.

어떤 관광 상품이 있어요?
What kind of tours do you have?
왓　　카인드 어브 투어즈　두 유　해브

영어로 말하는 가이드가 있나요?
Is there an English-speaking guide?
이즈 데어　　언　잉글리쉬　　스피킹　　가이드

많은 관광객들이 다양한 정보를 얻으러 관광안내소를 방문합니다. 상대방이 원하는 정보를 제공하고 관광 상품을 안내할 때 쓸 수 있는 표현을 익혀 봅시다.

이 정도는 말해 보자. 🎧 14-6

영어로 된 시내 지도 여기 있어요.
Here is a city map in English.
히어   이즈 어   씨티   맵   인   잉글리쉬

+ 영어권 국가에서 온 외국인 관광객에게는 이렇게 말하면 되고, 일본이나 중국에서 온 관광객에게는 English(영어) 대신 Japanese[재패니즈: 일본어], Chinese[촤이니즈: 중국어]를 넣어 말해 보세요.

여기 관광버스 시간표 있습니다.
Here is a timetable of the tour bus.
히어   이즈 어   타임테이블   어브 더   투어   버쓰

서울 시티 투어 버스를 추천합니다.
I recommend the Seoul City Tour Bus to you.
아이 레커멘드   더   서울   씨티   투어   버쓰   투 유

제주도를 적극적으로 추천해요.
I would strongly recommend Jeiu Island.
아이 우드   스트렁리   레커멘드   제주   아일런드

이 건물에는 전망대가 있어요.
There is an observatory in this building.
데어   이즈 언   업저버터리   인   디쓰   빌딩

내일부터 축제가 열립니다.
The festival will take place starting tomorrow.
더   페스터벌   윌   테익   플레이쓰   스타팅   터마로우

+ festival[페스터벌]은 '축제'라는 뜻입니다. 예를 들어 '벚꽃 축제'를 cherry blossom festival[췌리 블라썸 페스터벌]이라고 하지요.

15 관광안내소에서
길 안내하기

🎧 다음 대화를 듣고 따라 말해 보세요. 🎧 15-1

대화 A

손님　How can I get to the market?
　　　하우　캔　아이 겟　투　더　마킷

나　　Go straight, and **you will see** the market entrance.
　　　고우　스트레잇　앤　유　월　씨　더　마킷
　　　엔트런쓰

대화 B

손님　How can I get there?
　　　하우　캔　아이 겟　데어

나　　**I suggest that you** take the subway.
　　　아이 써줴스트　댓　유　테익　더　써브웨이

pattern 29

You will see + 명사 .

~를 보시게 될 거예요.

길을 안내할 때 You will see[유 윌 씨] + 명사.를 활용할 수 있습니다. You will[유 윌]은 '당신은 ~할 것이다', see[씨]는 '보다'라는 뜻이므로 '~를 보시게 될 거예요'가 되지요. 즉, '~가 나옵니다'라는 뜻입니다. You will을 줄여 You'll[유일]이라고 말해도 좋습니다.

시장 입구를 보시게 될 거예요.
 지하철을 타시는 게 좋겠어요.

한국을 처음 찾아온 여행객이라면 주변 지리에 익숙치 않아 종종 길을 잃게 됩니다. 길 잃은 외국인에게 길을 안내해 봅시다.

대화 A

손님 시장에 어떻게 갈 수 있어요?

나   곧장 가시면 시장 입구를 보시게 될 거예요.

대화 B

손님 그곳에 어떻게 갈 수 있어요?

나   지하철을 타시는 게 좋겠어요.

새로 나온 단어

straight [스트레잇]
곧장, 쭉

entrance [엔트런쓰]
입구

suggest [써줴스트]
제안하다

subway [써브웨이]
지하철

I suggest that you + 동사 .

~하시는 게 좋겠어요.

동사 suggest는 '제안하다'라는 뜻입니다. '~하실 것을 제안합니다' 또는 '~하시는 게 좋겠어요'라고 어떤 대중교통을 타라고 안내하거나 어떻게 하라고 제안할 때는 I suggest that you[아이 써줴스트 댓 유] + 동사. 패턴을 사용할 수 있습니다.

You will see ☐.

~를 보시게 될 거예요.

○ 다음 표현을 넣어 문장을 연습해 보세요. 🎧 15-2

1 You will see a bank across the street.
　　유　월　씨　어 뱅크　어크러쓰　더　스트릿

2 You will see a bus stop on your left.
　　유　월　씨　어 버쓰 스탑　언　유어　레프트

3 You will see a convenience store at the corner.
　　유　월　씨　어 컨비니언쓰　스토어　앳 더 코너

4 You will see an elevator over there.
　　유　월　씨　언 엘러베이터　오버　데어

1 길 건너편에서 은행을 보시게 될 거예요.
2 왼쪽에서 버스 정류장을 보시게 될 거예요.
3 모퉁이에서 편의점을 보시게 될 거예요.
4 저쪽에서 엘리베이터를 보시게 될 거예요.

2 a bus stop on your left　'왼쪽'은 left[레프트], '오른쪽'은 right[라잇]이라고 합니다. '왼쪽에', '오른쪽에'라고 할 때는 전치사 on[언]을 이용하여 on your left(당신의 왼쪽에), on your right(당신의 오른쪽에)처럼 표현하지요.

3 a convenience store at the corner　'편의점'은 영어로 '편의, 편리'라는 뜻의 convenience[컨비니언쓰]를 써서 convenience store[컨비니언쓰 스토어]라고 합니다. corner[코너]는 '모퉁이'로, '모퉁이에'를 at the corner[앳 더 코너]라고 하지요.

I suggest that you ☐.

~하시는 게 좋겠어요.

○ 다음 표현을 넣어 문장을 연습해 보세요. 🎧 15-3

1 **I suggest that you take bus number 10.**
  아이 써줴스트   댓   유   테익   버쓰   넘버   텐

2 **I suggest that you walk there.**
  아이 써줴스트   댓   유   워크   데어

3 **I suggest that you call a taxi.**
  아이 써줴스트   댓   유   컬   어   택씨

4 **I suggest that you rent a bike.**
  아이 써줴스트   댓   유   렌트   어   바익

1 10번 버스를 타시는 게 좋겠어요.
2 그곳에 걸어가시는 게 좋겠어요.
3 택시를 부르시는 게 좋겠어요.
4 자전거를 빌리시는 게 좋겠어요.

3 **call a taxi** 전화로 부르면 오는 택시를 '콜택시'라고 하는데요, 동사 call[컬]에는 '(전화를 걸어) 부르다'라는 뜻이 있습니다. '택시를 불러 드릴까요?'라고 할 때는 Would you like me to call a taxi for you?[우드 유 라익 미 투 컬 어 택씨 포 유]라고 물으면 됩니다.

4 **rent a bike** 사용료를 내고 단기간 뭔가를 빌린다고 할 때 동사 rent[렌트]를 사용합니다. '자전거'는 bike[바익] 또는 bicycle[바이씨클]이라고 하지요.

관광객에게 길을 안내하자

○ 다음 대화를 듣고 따라 말해 보세요. 15-4

손님 Hi. I think I'm lost.❶ Can you help me?
하이 아이 띵크 아임 러스트 캔 유 헬프 미

나 Of course. Where are you trying to go?
어브 코쓰 웨어 아 유 트라잉 투 고우

손님 I'm trying to go to Dongdaemun Market.
아임 트라잉 투 고우 투 동대문 마킷

나 First, you should go straight up this street
퍼스트 유 슈드 고우 스트레잇 업 디쓰 스트릿

and then turn right at the intersection.
앤 덴 턴 라잇 앳 디 인터쎅션

You'll see the market entrance on your left.
유일 씨 더 마킷 엔트런쓰 언 유어 레프트

손님 Can I walk to Insadong from the market?
캔 아이 워크 투 인사동 프럼 더 마킷

나 Well, it's too far to walk.❷
웰 잇쓰 투 파 투 워크

I suggest that you take the subway.
아이 써줴스트 댓 유 테익 더 써브웨이

146

길을 헤매던 외국인 여행객이 관광안내소에 들어와 도움을 청합니다. 찾는 장소가 어디인지 물어보고 가는 길을 자세히 안내해 봅시다.

손님 안녕하세요. 제가 길을 잃은 것 같아요. ❶
      좀 도와주시겠어요?

나   물론이죠. 어디에 가려고 하시는데요?

손님 동대문 시장에 가려고 해요.

나   우선, 이 길로 쭉 올라가세요.
      그런 다음 교차로에서 우회전하세요.
      왼쪽에서 시장 입구를 보시게 될 거예요.

손님 시장에서 인사동까지는 걸어갈 수 있나요?

나   음, 걸어서 가기에는 너무 멀어요. ❷
      지하철을 타시는 게 좋겠어요.

새로 나온 단어

think [띵크] 생각하다
lost [러스트] 길을 잃은
turn [턴] 방향을 바꾸다, 돌다
right [라잇] 오른쪽
intersection [인터쎅션] 교차로, 사거리

• 표현 들여다보기

❶ **I think I'm lost.** 여기서 I think[아이 띵크]는 '나는 생각한다'보다는 '~인 것 같다'라고 해석하는 게 좋습니다. lost[러스트]는 '길을 잃은'이란 뜻이므로, '제가 길을 잃은 것 같아요'란 뜻이 되지요.

❷ **Well, it's too far to walk.** 'too + 형용사 + to + 동사'는 '(동사)하기에는 너무 (형용사)한'이라는 뜻입니다. 그래서 too far to walk[투 파 투 워크]는 '걸어가기에는 너무 먼'이라는 뜻이 되지요. 반대로 '걸어갈 수 있는 거리입니다'라고 할 때는 It's within walking distance.[잇쓰 위딘 워킹 디스턴쓰]라고 말하면 됩니다.

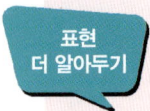 ## 관광안내소에서: 길 안내하기

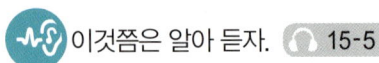 이것쯤은 알아 듣자. 15-5

길 좀 가르쳐 줄래요?

Can you give me some directions?
캔 유 기브 미 썸 디렉션즈

제가 이 지도에서 어디에 있는 건지 말씀해 주시겠어요?

Could you tell me where I am on this map?
쿠드 유 텔 미 웨어 아이 앰 언 디쓰 맵

➕ 간단하게 '여기가 어딘가요?'라고 할 때는 Where am I?[웨어 앰 아이]라고 묻습니다.

이 장소를 찾고 있어요.

I'm looking for this place.
아임 루킹 포 디쓰 플레이쓰

➕ 가이드북이나 지도를 가리키면서 관광객이 이렇게 말할 수도 있습니다.

선유도 공원에는 어떻게 가죠?

How can I get to Seonyudo Park?
하우 캔 아이 겟 투 선유도 파크

➕ '~에 어떻게 갈 수 있나요?'라고 물어볼 때 How can I get to[하우 캔 아이 겟 투] + 장소?로 물어봅니다.

여기서 멀어요?

Is it far from here?
이즈 잇 파 프럼 히어

거기에 도착하는 데 얼마나 걸려요?

How long does it take to get there?
하우 롱 더즈 잇 테익 투 겟 데어

최근에는 스마트폰으로 길을 쉽게 찾을 수 있지만, 미로 같은 골목길에서는 길을 헤매는 관광객이 많습니다. 길을 묻는 관광객에게 길 안내를 할 때 쓰는 표현을 익혀 봅시다.

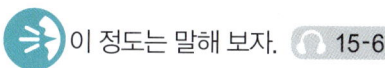 이 정도는 말해 보자. 15-6

어디까지 가시는데요?
How far are you going?
하우 파 아 유 고우잉

➕ 처음 만나는 사람이 길을 물어왔을 때 이렇게 말할 수 있어요. 초면인 사이에서는 '어디 가세요?'라는 뜻의 Where are you going?[웨어 아 유 고우잉]보다 이렇게 더 많이 묻습니다.

쭉 가다가 오른쪽으로 꺾으세요.
Please go straight and turn right.
플리즈 고우 스트레잇 앤 턴 라잇

모퉁이에서 왼쪽으로 꺾으세요.
Please turn left at the corner.
플리즈 턴 레프트 앳 더 코너

서울 시청 건너편에 있습니다.
It's across from Seoul City Hall.
잇쓰 어크러쓰 프럼 서울 씨티 헐

➕ across from[어크러쓰 프럼]은 '~건너편에'라는 뜻입니다.

횡단보도를 건너시는 게 좋을 것 같아요.
I think you should walk across the crosswalk.
아이 띵크 유 슈드 워크 어크러쓰 더 크러쓰워크

여기서 도보로 5분 거리예요.
It's a five-minute walk from here.
잇쓰 어 파이브 미닛 워크 프럼 히어

16 관광지에서 위급상황 도와주기

다음 대화를 듣고 따라 말해 보세요. 🎧 16-1

대화 A

손님 **I lost my credit card.**
       아이 러스트 마이 크레딧 카드

나   **You'll have to** report the loss.
       유일 해브 투 리포트 더 러쓰

대화 B

나   **There is** a police station nearby.
       데어 이즈 어 폴리쓰 스테이션 니어바이

손님 **Could you take me there?**
       쿠드 유 테익 미 데어

You'll have to + 동사 .

(당신은) ~하셔야 할 거예요.

You'll[유일]은 You will[유 윌]의 줄임말로, '당신은 ~할 것이다'라는 뜻이고, 'have to[해브 투] + 동사'는 '~해야 한다'라는 의미입니다. 따라서 You'll have to[유일 해브 투] + 동사.는 '당신은 ~하셔야 할 거예요'라는 뜻이 되지요. 앞으로 해야 할 일에 대해 조언을 할 때 쓰는 표현입니다.

pattern 31 분실 신고를 하셔야 할 거예요.
 pattern 32 근처에 경찰서가 있습니다.

● 물건을 잃어버렸거나 다쳐서 다급히 도움을 요청하는 관광객을 도와줄 때 쓸 수 있는 표현을 익혀 봅시다.

대화 A

- 손님: 제 신용카드를 잃어버렸어요.
- 나: 분실 신고를 하셔야 할 거예요.

대화 B

- 나: 근처에 경찰서가 있습니다.
- 손님: 그곳까지 절 데려다 주시겠어요?

새로 나온 단어

lost [러스트]
잃어버렸다
(lose의 과거형)

report [리포트]
보고하다, 신고하다

loss [러쓰] 분실

police station
[폴리쓰 스테이션]
경찰서

nearby [니어바이]
근처에

 pattern 32

There is + 명사 .

~가 있습니다.

외국인 여행객이 찾고 있는 장소가 주변에 있을 때 '~가 있다'는 뜻을 갖는 There is [데어 이즈] + 명사. 패턴을 사용해서 말해 보세요. 명사 자리에 장소를 넣어서 말하면 됩니다. 이때 셀 수 있는 명사인 경우, 명사 앞에 '하나의'를 뜻하는 a[어]나 an[언]을 넣어 말해야 합니다.

pattern 31

You'll have to ☐.

(당신은) ~하셔야 할 거예요.

○ 다음 표현을 넣어 문장을 연습해 보세요. 🎧 16-2

1 **You'll have to go to the police station.**
   유일 해브 투 고우 투 더 폴리쓰 스테이션

2 **You'll have to be careful.**
   유일 해브 투 비 케어플

3 **You'll have to visit the lost and found center.**
   유일 해브 투 비짓 더 러스트 앤 파운드 쎈터

4 **You'll have to get your passport reissued.**
   유일 해브 투 겟 유어 패스포트 리이슈드

1 경찰서에 가셔야 할 거예요.
2 조심하셔야 할 거예요.
3 분실물 센터를 방문하셔야 할 거예요.
4 여권을 재발급받으셔야 할 거예요.

---

3 **visit the lost and found center**   lost[러스트]는 '잃어버린', found[파운드]는 '찾는'이란 뜻인데, 잃어버린 물건을 찾는 '분실물 보관소'를 lost and found center[러스트 앤 파운드 쎈터]라고 합니다.

4 **get your passport reissued**   동사 issue[이슈]는 '(서류를) 발급받다'라는 뜻인데, 이 앞에 '다시-'를 나타내는 re-를 붙인 reissue[리이슈]는 '다시 발급받다', 즉 '재발급받다'라는 뜻이 됩니다.

There is ☐.
~가 있습니다.

○ 다음 표현을 넣어 문장을 연습해 보세요. 🎧 16-3

1 There is a police officer over there.
   데어 이즈 어 폴리쓰   어피써   오버   데어

2 There is a restroom on the second floor.
   데어 이즈 어 레스트룸   언 더 쎄컨드   플로어

3 There is a drugstore.
   데어 이즈 어 드럭스토어

4 There is a hospital near here.
   데어 이즈 어 하스피틀   니어   히어

1 저기에 경찰관이 있습니다.
2 2층에 화장실이 있습니다.
3 약국이 있습니다.
4 근처에 병원이 있습니다.

2 a restroom on the second floor 가정에 있는 화장실은 bathroom[배쓰룸]이라고 하지만, 길거리나 건물에 위치한 '공공화장실'은 restroom[레스트룸]이라고 합니다. 몇 층에 위치해 있다고 할 때는 전치사 on[언]을 사용합니다. floor[플로어]는 '층'이란 뜻인데, '1층, 2층, 3층'을 표현할 때는 one[원], two[투], three[쓰리] 같은 숫자 표현이 아니라 first[퍼스트: 첫 번째], second[쎄컨드: 두 번째], third[떠드: 세 번째] 같은 서수를 사용해서 표현하므로 주의하세요.

미션 물건을 분실한 관광객을 도와주자

○ 다음 대화를 듣고 따라 말해 보세요. 🎧 16-4

손님 Excuse me. Can you help me?
익쓰큐즈 미 캔 유 헬프 미

나 Yes, I can. What can I help you with?
예쓰 아이 캔 왓 캔 아이 헬프 유 위드

손님 I lost my bag.❶
아이 러스트 마이 백

나 I'm sorry to hear that. How did it happen?❷
아임 쎄리 투 히어 댓 하우 디드 잇 해픈

손님 I think I left it on the bus. What should I do?
아이 띵크 아이 레프트 잇 언 더 버쓰 왓 슈드 아이 두

나 **You'll have to report the loss.**
유일 해브 투 리포트 더 러쓰

손님 Is there a police station around here?
이즈 데어 어 폴리쓰 스테이션 어라운드 히어

나 Yes, **there is a police station nearby.**
예쓰 데어 이즈 어 폴리쓰 스테이션 니어바이

Let me draw a map for you.
렛 미 드러 어 맵 포 유

축제의 안내데스크에 외국인 여행객이 찾아와 물건을 분실했다고 도움을 요청합니다. 어떻게 도움을 주는 게 좋을지 안내해 봅시다.

손님 　죄송한데요. 절 좀 도와주시겠어요?

나 　네. 뭘 도와 드릴까요?

손님 　제 가방을 잃어버렸어요.❶

나 　안됐군요. 어쩌다 그렇게 된 거예요?❷

손님 　버스에 두고 내린 것 같아요. 어떻게 해야 하죠?

나 　분실 신고를 해야 할 거예요.

손님 　이 근처에 경찰서가 있나요?

나 　네, 근처에 경찰서가 있습니다.
　　제가 지도를 그려 드릴게요.

새로 나온 단어

hear [히어] 듣다
happen [해픈] 발생하다
left [레프트]
두고 오다 (leave의 과거형)
draw [드러] 그리다
map [맵] 지도

• 표현 들여다보기

❶ **I lost my bag.**　lost는 '(물건을) 잃어버리다'란 뜻의 동사 lose[루즈]의 과거형입니다. 그래서 '제 ~를 잃어버렸어요'라고 할 때 I lost my[아이 러스트 마이] + 물건.으로 말합니다. 물건을 잃어버린 것은 과거에 일어난 일이므로 과거형 시제를 사용해서 말하지요.

❷ **How did it happen?**　happen[해픈]은 '(어떤 일이) 벌어지다, 발생하다'라는 뜻의 동사인데, How did it happen?은 직역하면 '어떻게 그 일이 발생하게 된 건가요?'란 뜻이 됩니다. '어쩌다 일이 그렇게 됐대요?'라고 이미 발생한 일에 대해 안타까움을 표할 때도 사용할 수 있는 표현입니다.

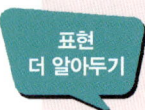

관광지에서: 위급상황 도와주기

🎧 이것쯤은 알아 듣자. 16-5

제 짐을 도둑맞았어요.
My baggage has been stolen.
마이 배기쥐 해즈 빈 스토울런

➕ stolen[스토울런]은 '훔치다'라는 뜻의 동사 steal[스틸]의 과거분사로, '훔쳐진, 도둑맞은'이란 뜻입니다.

열차에 제 배낭을 두고 내렸어요.
I left my backpack on the train.
아이 레프트 마이 백팩 언 더 트레인

➕ '택시에'는 in a taxi [인 어 택씨]라고 합니다.

제 가방이 사라졌어요.
My bag is missing.
마이 백 이즈 미씽

➕ missing[미씽]은 '실종된, 없어진'이라는 뜻입니다.

제 여권을 분실했어요.
I lost my passport.
아이 러스트 마이 패스포트

가장 가까운 병원으로 데려가 주실 수 있어요?
Can you take me to the nearest hospital?
캔 유 테익 미 투 더 니어리스트 하스피틀

구급차 좀 불러 주시겠어요?
Could you call an ambulance?
쿠드 유 컬 언 앰뷸런쓰

여행 중 곤란한 상황에 처한 관광객을 만날 수 있습니다. 물건을 잃어버렸거나 사고를 당한 관광객에게 다가가 도움을 줄 때 쓸 수 있는 표현을 익혀 봅시다.

이 정도는 말해 보자.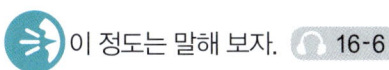

왜 그래요? / 무슨 일이에요?
What's wrong? / What is it?
왓쓰 렁 왓 이즈 잇

+ 뭔가 문제가 있는 것처럼 보이는 외국인 여행객에게 다가가 이렇게 물어볼 수 있습니다.

제가 도와 드려도 될까요?
Do you mind if I help you?
두 유 마인드 이프 아이 헬프 유

+ 낯선 사람을 경계할 수도 있으므로 Do you mind if I ~?(~해도 될까요?)를 이용해서 조심스럽게 물어볼 수 있습니다.

실례합니다. 뭐 잘못됐나요?
Excuse me. Is there anything wrong?
익쓰큐즈 미 이즈 데어 에니띵 렁

어디서 그걸 분실하셨나요?
Where did you lose it?
웨어 디드 유 루즈 잇

제가 경찰을 불러 드릴게요.
I'll call the police for you.
아일 컬 더 폴리쓰 포 유

+ '경찰을 부르다'는 call the police[컬 더 폴리쓰], '구급차를 부르다'는 call an ambulance [컬 언 앰뷸런쓰]라고 합니다.

걱정 마세요. 제가 도와 드릴게요.
Don't worry. I will help you.
던 워리 아이 윌 헬프 유

생활 속 영어 TIP

한국의 유명 관광지 소개하기

16-7

MP3로 들으세요

한국에는 다양한 개성을 가진 재미있는 관광지가 많이 있습니다.
한국을 방문한 외국인 여행객에게 우리나라의 유명 관광지를 소개해 보세요.

N 서울 타워 N Seoul Tower

남산의 주된 관광 명소로, 서울의 전경을 만끽할 수 있는 곳입니다.

It is Namsan's main tourist attraction, where you can enjoy a complete view of Seoul.

인사동 거리 Insadong Street

많은 골동품 가게, 화랑, 전통 찻집 등을 갖춘 곳으로 전통적인 한국 문화를 소개하는 거리입니다.

It is a street showcasing traditional Korean culture, including a lot of antique shops, art galleries, and traditional teahouses.

경복궁 Gyeongbokgung Palace

경복궁은 조선 왕조 때 건립된 첫 번째 왕궁입니다. 또한 한국의 서울에 남아 있는 가장 큰 궁궐이기도 합니다.

It is the first royal palace built in the Joseon Dynasty. It is also the largest one remaining in Seoul, South Korea.

남대문 시장 Namdaemun Market

한국에서 가장 큰 전통시장입니다. 다양한 종류의 물품을 판매하는 작은 매장이 많이 있습니다.

It is the largest traditional market in Korea. There are a lot of small shops which sell various kinds of items.

전주 한옥 마을 Jeonju Hanok Village

마을에는 많은 한국 전통 가옥이 있습니다. 한복 (전통 의상) 착용과 같은 다양한 형태의 한국 관습을 경험할 수 있습니다.

There are many traditional Korean houses in the village. You can experience various kinds of Korean traditions, such as wearing *Hanbok* (traditional clothing).

불국사 Bulguksa Temple

불교 절로 신라 시대에 지어졌습니다. 다보탑을 비롯해 많은 아름다운 석조물을 볼 수 있습니다.

It is a Buddhist temple, and it was built during the Silla Dynasty. You can see many beautiful stone works, including Dabotap Pagoda.

숙박시설에서 일할 때

17 숙박시설에서 **투숙객 맞이하기**
18 숙박시설에서 **서비스 제공하기**
19 숙박시설에서 **객실 문제 해결하기**
20 숙박시설에서 **투숙객 배웅하기**

WELCOME

17 숙박시설에서 투숙객 맞이하기

다음 대화를 듣고 따라 말해 보세요. 🎧 17-1

대화 A

나   **May I see your** passport?
   메이 아이 씨 유어   패스포트

손님   Here you are.
   히어 유 아

대화 B

나   **Could you** fill out this form?
   쿠드 유 필 아웃 디쓰 폼

손님   Okay.
   오우케이

---

pattern 33

May I see your + 명사 ?

~ 좀 볼 수 있을까요?

호텔이나 게스트하우스를 찾아온 손님을 받을 때에는 신분증이나 예약 정보 등을 보여 달라고 요구하게 됩니다. 이럴 때 May I see your[메이 아이 씨 유어] +명사? 패턴을 사용할 수 있습니다. 동사 see[씨]는 '보다'라는 뜻이므로 '~ 좀 볼 수 있을까요?'라는 뜻이 됩니다.

pattern 33 여권 좀 볼 수 있을까요?
 pattern 34 이 양식을 작성해 주시겠습니까?

○ 호텔이나 게스트하우스 같은 숙박시설에서 외국인 손님을 맞이할 때 쓸 수 있는 표현을 익혀 봅시다.

대화 A

나　여권 좀 볼 수 있을까요?

손님　여기 있어요.

대화 B

나　이 양식을 작성해 주시겠습니까?

손님　알겠어요.

새로 나온 단어

see [씨] 보다
passport [패스포트] 여권
fill out [필 아웃] 작성하다
form [폼] 양식, 형식

단어 TIP

fill out은 '(서류, 양식을) 작성하다'라는 뜻입니다. 동사 fill은 '~를 채우다'란 뜻으로 빈 공간을 채운다는 의미를 갖습니다.

Could you + 동사 ?

~해 주시겠습니까?

투숙객이 입실 수속을 할 때에 이런저런 부탁할 일이 생기는데요, 손님에게 어떤 일을 부탁할 때는 Could you[쿠드 유] + 동사? 패턴이 유용합니다. '~해 주시겠습니까?'라는 의미로, 정중하게 뭔가를 부탁할 때 사용하는 표현입니다. Can you[캔 유] + 동사?보다 좀 더 정중한 뉘앙스를 전달할 수 있습니다.

May I see your ☐?
~ 좀 볼 수 있을까요?

○ 다음 표현을 넣어 문장을 연습해 보세요. 🎧 17-2

1 **May I see your hotel voucher?**
   메이   아이 씨   유어   호텔   바우쳐

2 **May I see your breakfast coupon?**
   메이   아이 씨   유어   브렉퍼스트   쿠판

3 **May I see your photo ID?**
   메이   아이 씨   유어   포우토우   아이디

4 **May I see your key card?**
   메이   아이 씨   유어   키   카드

1 호텔 숙박권 좀 볼 수 있을까요?
2 아침식사 쿠폰 좀 볼 수 있을까요?
3 사진이 있는 신분증 좀 볼 수 있을까요?
4 카드 열쇠 좀 볼 수 있을까요?

---

1 **hotel voucher** 요즘은 인터넷으로 숙소를 미리 예약하는 게 보편적이어서, 예약이 완료되면 일종의 예약 확인증인 hotel voucher[호텔 바우쳐]가 발행됩니다. 입실 수속 때 정확한 예약 내역을 확인하고 싶을 때는 손님에게 이걸 보여 달라고 요청하세요.

4 **key card** 전자식 자물쇠를 여는 플라스틱 카드를 '카드키'라고 부르는데, 영어로는 순서를 바꿔 key card[키 카드]라고 합니다. key[키]가 '열쇠'란 뜻이에요.

Could you _____?
~해 주시겠습니까?

○ 다음 표현을 넣어 문장을 연습해 보세요. 🎧 17-3

1 **Could you sign here?**
   쿠드   유   싸인   히어

2 **Could you spell your name?**
   쿠드   유   스펠   유어   네임

3 **Could you repeat that again?**
   쿠드   유   리핏   댓   어겐

4 **Could you tell me your room number?**
   쿠드   유   텔   미   유어   룸   넘버

1 여기에 서명해 주시겠습니까?
2 성함의 철자를 말씀해 주시겠습니까?
3 다시 한 번 더 말씀해 주시겠습니까?
4 객실 번호를 알려 주시겠습니까?

2 **spell your name** 생소한 외국인의 이름은 그냥 듣기만 해서는 철자가 뭔지 알기 힘듭니다. 예약 내역을 확인하는 등 성함의 철자를 정확하게 알 필요가 있을 때는 '철자를 말하다'라는 뜻의 동사 spell[스펠]을 활용해 말해 보세요.

3 **repeat that again** 상대방이 한 말을 잘 이해하지 못했을 때 방금 한 말을 다시 해 달라는 의미로 Could you repeat that again?이라고 합니다. 동사 repeat[리핏]은 '반복하다, 한 번 더 말하다', again[어겐]은 '다시'라는 뜻이지요.

미션 예약 손님을 맞이하자

🔴 다음 대화를 듣고 따라 말해 보세요. 🎧 17-4

나　**Good afternoon. How can I help you?**
　　굿　　애프터눈　　하우　캔　아이 헬프　유

손님　**Hello. I would like to check in, please.**
　　헬로우　아이 우드　라익　투　췌크　인　플리즈

　　Here is my reservation number.
　　히어　이즈 마이　레저베이션　　넘버

나　**One moment, please. Let me check it for you.**❶
　　원　　모우먼트　　플리즈　렛　미　췌크　잇 포　유

　　Are you Jack Daniel, sir?
　　아　유　잭　대니얼　써

손님　**Yes, that's right.**
　　예쓰　댓쓰　라잇

나　**May I see your passport?**
　　메이　아이 씨　유어　패스포트

손님　**Of course. There you go.**❷
　　어브 코쓰　　데어　유　고우

나　**Could you fill out this form?**
　　쿠드　유　필 아웃　디쓰 폼

손님　**Sure.**
　　슈어

166

우리 게스트하우스를 예약한 외국인 손님이 도착했습니다. 예약 정보와 신상을 확인하고 손님을 받아 봅시다.

나	안녕하세요. 어떻게 도와 드릴까요?
손님	안녕하세요. 체크인 부탁합니다. 여기 제 예약 번호예요.
나	잠시만요. 제가 확인해 보겠습니다.❶ 잭 다니엘이신가요, 손님?
손님	네, 맞아요.
나	**여권 좀 볼 수 있을까요?**
손님	물론이죠, 여기 있어요.❷
나	**이 양식을 작성해 주시겠습니까?**
손님	알겠어요.

새로 나온 단어

check in [췌크 인] 투숙 수속을 밟다, 체크인하다
number [넘버] 번호
moment [모우먼트] 잠깐
check [췌크] 확인하다

• 표현 들여다보기

❶ **Let me check it for you.** let[렛]은 '~하게 허락하다'라는 뜻의 동사인데, '제가 ~하게 해 주세요', '제가 ~해 드릴게요' 하고 상대방에게 도움을 제안할 때 Let me [렛 미] + 동사.로 말합니다. Let me check it for you.는 해석하면 '당신을 위해 그것을 확인하게 해 주세요'라는 뜻이 되는데, 체크인하러 온 손님에게 잠시만 기다려 달라고 하면서 '제가 확인해 볼게요'라는 의미로 이렇게 덧붙이면 좋습니다.

❷ **There you go.** 상대방이 요구한 여권이나 신용카드 같은 물건을 건네면서 '여기 있어요'라고 할 때 쓸 수 있는 표현입니다. Here you go.[히어 유 고우] 또는 Here you are.[히어 유 아]도 같은 의미로 쓸 수 있습니다.

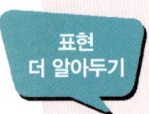 ## 숙박시설에서: 투숙객 맞이하기

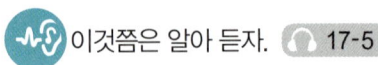 이것쯤은 알아 듣자. 🎧 17-5

체크인하러 왔어요.
I'm here to check in.
아임 히어 투 췌크 인
+ 간단하게 Check in, please.(체크인 부탁합니다.)라고 말할 수도 있습니다.

잭 다니엘이란 이름으로 예약했어요.
I made a reservation under the name of Jack Daniel.
아이 메이드 어 레저베이션 언더 더 네임 어브 잭 대니얼

온라인으로 예약했습니다.
I made a reservation online.
아이 메이드 어 레저베이션 언라인
+ 요즘은 미리 인터넷이나 스마트폰으로 숙박할 곳을 예약하고 찾아오는 손님들이 많습니다. 예약한 것은 이미 과거의 일이므로 과거동사 made를 씁니다.

금연방 부탁합니다.
I'd like a nonsmoking room, please.
아이드 라익 어 넌스모우킹 룸 플리즈
+ 반대로 '흡연방'은 smoking room[스모우킹 룸]이라고 합니다.

아침 식사는 몇 시에 시작해요?
What time does breakfast start?
왓 타임 더즈 브렉퍼스트 스타트

수영장이 있나요?
Do you have a swimming pool?
두 유 해브 어 스위밍 풀

체크인 수속을 진행할 때는 손님이 원하는 방 종류를 확인하고 열쇠를 건네주면 됩니다. 조식 시간에 대해서도 함께 안내해 주면 좋습니다.

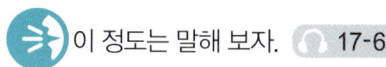 이 정도는 말해 보자.

얼마나 머무르실 건가요?

How long will you be staying?
하우 롱 윌 유 비 스테잉

어떤 방을 드릴까요?

What kind of room would you like?
왓 카인드 어브 룸 우드 유 라익

바다가 보이는 방으로 드릴까요?

Would you like a room with an ocean view?
우드 유 라익 어 룸 위드 언 오우션 뷰

손님 객실 번호는 705호입니다.

Your room number is 705.
유어 룸 넘버 이즈 쎄븐 오우 파이브

+ 705호처럼 세자리 숫자의 객실 번호를 읽을 때는 숫자를 하나씩 말하는데, 이때 0은 zero[지어로우]도 좋지만 알파벳 O[오우]로 읽으면 됩니다. 한편, 1412호처럼 4자리 객실 번호는 보통 두 자리씩 끊어서 [포틴 트웰브]처럼 읽습니다.

여기 방 열쇠 있습니다.

Here is your room key.
히어 이즈 유어 룸 키

아침 식사는 오전 7시부터 10시까지 제공됩니다.

Breakfast will be served from 7 to 10 a.m.
브렉퍼스트 윌 비 써브드 프럼 쎄븐 투 텐 에이엠

18 숙박시설에서 서비스 제공하기

다음 대화를 듣고 따라 말해 보세요. 🎧 18-1

대화 A

나 　**Good morning. This is the front desk.**
　　굿　모닝　디쓰　이즈　더　프런트　데스크

손님 **Hi. This is room 201.**
　　하이　디쓰　이즈 룸　투 오우 원

대화 B

손님 **Would you please get me a towel?**
　　우드　유　플리즈　겟　미　어　타우얼

나 　**Okay. I'll bring one right away.**
　　오우케이　아일　브링　원　라잇　어웨이

pattern 35

This is + 명사 **.**

(여기는) ~입니다.

전화를 받으면서 어디라고 말할 때는 This is[디쓰 이즈] + 명사. 패턴을 사용해 보세요. 원래는 가까이 있는 사물을 가리켜 '이것은 ~입니다'라고 말할 때 쓰지만 전화상에서는 '여기는 ~입니다'처럼 내 소속을 나타낼 때 이 표현을 씁니다.

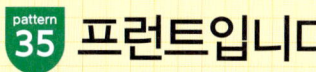 프런트입니다.

pattern 36 제가 즉시 가져다 드릴게요.

○ 호텔 안내데스크에서 일하다 보면 전화로 다양한 요청을 받을 수 있습니다. 손님이 서비스를 요청할 때 응대할 수 있는 표현을 익혀 봅시다.

• 대화 A

나 안녕하세요. 프런트입니다.

손님 안녕하세요. 201호입니다.

• 대화 B

손님 수건 한 장 갖다 주시겠어요?

나 알겠습니다. 제가 즉시 가져다 드릴게요.

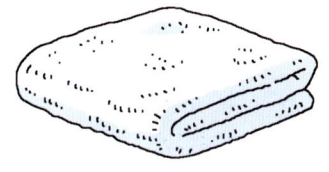

새로 나온 단어

morning [모닝] 아침
front desk [프런트 데스크] 프런트, 안내 데스크
room [룸] 방, 객실
towel [타우얼] 수건
bring [브링] 가져다 주다

단어 TIP

front desk는 front(앞)와 desk(책상)를 합친 말로, 호텔에서 체크인이나 체크아웃, 룸서비스를 비롯해 손님에게 다양한 서비스를 제공하는 안내데스크입니다.

I'll + 동사 .

제가 ~할게요.

I'll[아일]은 I will[아이 윌]의 줄임말로 '(미래에) 제가 ~할 것입니다'라는 뜻입니다. 투숙객이 서비스를 요청하거나 원하는 사항을 이야기했을 때 답변으로 I'll[아일] + 동사. 패턴을 활용하세요. 어떤 행위를 하겠다는 자신의 의지를 보여줄 수 있습니다.

This is _____.
(여기는) ~입니다.

○ 다음 표현을 넣어 문장을 연습해 보세요. 🎧 18-2

1   **This is the reservation desk.**
    디쓰   이즈 더   레저베이션   데스크

2   **This is the concierge.**
    디쓰   이즈 더   칸씨여쥐

3   **This is housekeeping.**
    디쓰   이즈 하우쓰키핑

4   **This is the Green Hotel.**
    디쓰   이즈 더   그린   호우텔

1 예약 부서입니다.
2 호텔 안내원입니다.
3 객실관리부입니다.
4 그린 호텔입니다.

2 the concierge 특급 호텔에는 프런트와는 별개로 concierge[칸씨여쥐]가 있습니다. 호텔 시설, 주변 맛집, 관광지를 안내하고 교통 정보를 제공하는 호텔의 안내 부서로, 고객을 위한 고급 서비스를 담당하는 곳입니다.

3 housekeeping 호텔에서 객실을 청소하고 관리하는 업무를 하는 '객실관리부'를 housekeeping[하우쓰키핑]이라고 합니다. 단어 그대로 집(house)을 관리(keeping)하는 곳인데, 쓰레기통을 비우거나 이불을 교체하는 등의 업무를 수행합니다.

pattern 36

I'll _____.

제가 ~할게요.

○ 다음 표현을 넣어 문장을 연습해 보세요. 🎧 18-3

1 I'll send someone up immediately.
    아일 쎈드 썸원   업   이미디어틀리

2 I'll bring it for you right away.
    아일 브링 잇 포 유   라잇   어웨이

3 I'll call you back later.
    아일 컬 유 백   레이터

4 I'll show you to your room.
    아일 쇼우 유 투 유어 룸

1 제가 즉시 누군가를 올려 보낼게요.
2 제가 당장 그걸 가져다 드릴게요.
3 제가 나중에 다시 전화 드릴게요.
4 제가 손님 방까지 안내해 드릴게요.

1 send someone up immediately 손님이 프런트로 전화를 걸어 방에 뭔가 문제가 있다고 말했을 때 I'll send someone up.[아일 쎈드 썸원 업]이라고 하면 '누군가를 방에 올려 보내겠다'는 뜻이 돼요. 부사 immediately[이미디어틀리]는 '즉시, 당장'의 의미입니다.

3 call you back later call[컬]은 '전화하다'라는 뜻인데, '다시 전화하다'를 call back[컬 백]이라고 합니다. back[백]에 '다시, 되받아'라는 뜻이 있습니다.

미션 전화한 손님의 요청을 들어 주자

● 다음 대화를 듣고 따라 말해 보세요. 18-4

나 Good morning. **This is the front desk.**

손님 Hi. This is room 2019.
I would like room service, please.❶

나 Okay. What would you like us to do?

손님 Would you please bring my breakfast to my room?

나 Sure, no problem. Anything else?❷

손님 Yes, I'd like to get an extra towel, please.

나 Okay. **I'll bring one right away.**

손님 Thank you.

손님이 프런트로 전화해서 룸서비스를 요청했습니다. 정확히 어떤 서비스를 원하는지 물어보고 손님이 원하는 서비스를 제공합시다.

나   안녕하세요. **프런트입니다.**

손님 안녕하세요. 2019호입니다.
     룸 서비스 부탁하려고요.❶

나   알겠습니다. 저희가 뭘 해드릴까요?

손님 제 방으로 아침식사를 가져다 주시겠어요?

나   물론이죠. 그 밖에 필요한 거 있으세요?❷

손님 네, 수건을 한 장 추가로 받았으면 합니다.

나   알겠습니다. **제가 즉시 가져다 드릴게요.**

손님 고마워요.

새로 나온 단어

room service [룸 써비쓰] 룸 서비스
bring [브링] 가져다 주다
breakfast [브렉퍼스트] 아침식사
problem [프라블럼] 문제
extra [엑스트러] 추가의

표현 들여다보기

❶ **I would like room service, please.** 손님이 어떤 서비스를 부탁할 때 I would like[아이 우드 라잌] + 명사. 패턴을 활용해서 '~를 원합니다'라고 말하는 일이 많습니다. I would[아이 우드]를 줄여서 I'd[아이드]로 말하기도 하지요. 요청사항 뒤에 간단하게 please[플리즈]만 덧붙여서 Room service, please.[룸 써비쓰 플리즈]라고 할 수도 있습니다.

❷ **Anything else?** 손님이 요구한 사항을 들어 준 후, '그밖에 필요하신 거 있나요?'라고 덧붙일 때 Do you need anything else?[두 유 니드 에니띵 엘쓰]라고 물어보는데요, 간단하게 줄여서 Anything else?[에니띵 엘쓰]라고만 해도 좋습니다. 식당에서 주문받을 때 '더 주문하실 거 있나요?'라고 할 때도 이렇게 물어보지요.

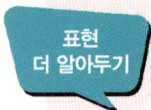

숙박시설에서: 서비스 제공하기

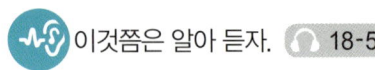 이것쯤은 알아 듣자. 18-5

모닝콜 부탁합니다.
I'd like a wakeup call, please.
아이드 라익   어 웨익업   컬   플리즈

+ 한국에서는 '모닝콜'이라고 하지만 원어민들은 wakeup call[웨익업 컬]이라고 합니다. wakeup이 '잠을 깨우는'이란 뜻이에요.

룸 서비스 부탁합니다.
Room service, please.
룸   써비쓰   플리즈

세탁 서비스 부탁합니다.
Laundry service, please.
런드리   써비쓰   플리즈

방 청소 부탁합니다.
Please have my room made up.
플리즈 해브 마이 룸 메이드 업

베개 추가로 하나 더 받을 수 있을까요?
Can I have an extra pillow?
캔   아이 해브 언   엑쓰트러   필로우

+ 뭔가를 달라고 부탁할 때 Can I have[캔 아이 해브] ~?로 물어볼 수 있습니다.

짐 옮기는 걸 도와주시겠어요?
Could you help me carry my baggage?
쿠드   유   헬프   미   캐리   마이 배기쥐

176

숙박시설에서 손님에게 다양한 서비스를 제공할 때 쓸 수 있는 표현을 익혀 봅시다. 호텔 시설에 대해서도 설명해 보세요.

이 정도는 말해 보자. 18-6

안녕하세요. 프런트입니다. 어떻게 도와 드릴까요?
Hello. Front desk. How can I help you?
헬로우   프런트   데스크   하우   캔   아이 헬프 유

룸 서비스는 2번을 눌러 주세요.
Please press 2 for room service.
플리즈   프레쓰   투 포   룸   써비쓰

제가 택시를 불러 드릴까요?
May I call you a taxi?
메이   아이 컬   유   어 택씨

➕ 상황에 따라서는 호텔 직원이 투숙객에게 택시처럼 교통 수단이 필요한지 물어볼 수 있어요. call a taxi는 '택시를 부르다'란 뜻입니다.

모퉁이에서 식당을 찾으실 수 있을 거예요.
You'll find the restaurant around the corner.
유일   파인드 더   레스터런트   어라운드   더   코너

수영장은 밤 10시에 문을 닫습니다.
The swimming pool closes at 10 p.m.
더   스위밍   풀   클로우지즈 앳 텐 피엠

제가 짐 옮기는 거 도와 드릴게요.
Let me help you with your baggage.
렛   미   헬프 유   위드   유어   배기쥐

19 숙박시설에서 객실 문제 해결하기

다음 대화를 듣고 따라 말해 보세요. 🎧 19-1

대화 A

나: **What is** the problem?
왓 이즈 더 프라블럼

손님: The TV is not working.
더 티비 이즈 낫 워킹

대화 B

손님: There is no hot water.
데어 이즈 노우 핫 워터

나: Oh, **I'm sorry for** the inconvenience.
오우 아임 쏘리 포 디 인컨비니언쓰

What is + 명사 ?

~가 뭔가요?

'무엇'이라는 뜻의 what[왓]을 활용하면 문제가 뭔지부터 손님의 성함이나 방 번호까지 물어볼 수 있습니다. What is[왓 이즈] + 명사?는 '~가 뭐예요?'라는 뜻인데, What is를 줄여서 What's[왓쓰]라고도 말합니다.

pattern 37 문제가 뭔가요?
pattern 38 불편을 끼쳐 드려 죄송합니다.

- 아무리 신경 써서 준비해도 객실에 문제가 발생할 때가 있습니다. 투숙객이 전화로 불편을 호소할 때 대응할 수 있는 표현을 익혀 봅시다.

대화 A

- 나 : 문제가 뭔가요?
- 손님 : 텔레비전이 작동하지 않아요.

대화 B

- 손님 : 뜨거운 물이 안 나와요.
- 나 : 오, 불편을 끼쳐 드려 죄송합니다.

새로 나온 단어

work [워크]
(기계가) 작동하다

water [워터] 물

sorry [쎄리] 미안한

inconvenience
[인컨비니언쓰] 불편

단어 TIP

동사 work에는 '(기계가) 작동하다'라는 의미가 있습니다. 그래서 TV가 고장 났을 때 '작동하고 있지 않아요'라는 의미로 is not working이라고 합니다

I'm sorry to + 동사 . / I'm sorry for + 명사 .
~해서[~에 대해] 죄송합니다[유감입니다].

객실에 생긴 문제나 호텔 서비스에 대해 항의를 받았다면 우선 사과부터 해야 하는데, 이때 쓸 수 있는 패턴이 바로 I'm sorry to[아임 쎄리 투] + 동사. 또는 I'm sorry for[아임 쎄리 포] + 명사.입니다. '~해서[~에 대해] 죄송합니다[유감입니다]'라는 의미입니다.

What is ⬚ ?
~가 뭔가요?

○ 다음 표현을 넣어 문장을 연습해 보세요. 🎧 19-2

1 **What is your full name?**
  왓   이즈 유어   풀   네임

2 **What is your room number?**
  왓   이즈 유어   룸   넘버

3 **What is the matter?**
  왓   이즈 더   매터

4 **What is the problem with your room?**
  왓   이즈 더   프라블럼   위드 유어   룸

1 손님의 성함이 뭔가요?
2 손님의 객실 번호가 뭔가요?
3 문제가 뭔가요?
4 객실에 문제가 뭔가요?

1 **your full name** 형용사 full[풀]은 '완전한, 모든'이란 뜻인데, 이름과 성을 모두 포함한 성명을 full name[풀 네임]이라고 합니다. 참고로 '이름'은 first name[퍼스트 네임], '성'은 last name[래스트 네임] 또는 surname[써네임]이라고 하지요.

3 **the matter** 명사 matter[매터]는 처리가 필요한 '문제'라는 뜻입니다. '무슨 일이십니까?'라고 할 때 What is the matter?[왓 이즈 더 매터]라고 하는데, What is를 What's[왓쓰]로 줄여서 What's the matter?[왓쓰 더 매터]라고 많이 말합니다.

I'm sorry to[for] ☐.
~해서[~에 대해] 죄송합니다[유감입니다].

○ 다음 표현을 넣어 문장을 연습해 보세요. 🎧 19-3

1 **I'm sorry to hear that.**
   아임 쏘리 투 히어 댓

2 **I'm sorry to bother you.**
   아임 쏘리 투 바더 유

3 **I'm sorry for the error.**
   아임 쏘리 포 디 에러

4 **I'm sorry for the delay.**
   아임 쏘리 포 더 딜레이

1 그것을 들어서 유감입니다.
2 귀찮게 해서 죄송합니다.
3 오류에 대해 죄송합니다.
4 지연에 대해 죄송합니다.

2 **bother you** 동사 bother[바더]는 '성가시게 하다, 귀찮게 하다'라는 뜻입니다. 쉬고 있는 투숙객에게 용건이 있어 연락할 때에는 귀찮게 해서 죄송하다고 양해를 구하는 의미로 I'm sorry to bother you.[아임 쏘리 투 바더 유]라고 'to + 동사'를 써서 말합니다. 반대로 먼저 본의 아니게 방해한 뒤 귀찮게 해서 죄송했다고 사과할 때는 I'm sorry for bothering you.[아임 쏘리 포 바더링 유]처럼 'for + 동사ing' 형태를 써서 말합니다.

미션 손님의 불만 사항을 해결하자

다음 대화를 듣고 따라 말해 보세요. 🎧 19-4

나 **Good afternoon. This is the front desk.**
굿 애프터눈 디쓰 이즈 더 프런트 데스크

손님 **Hello. This is Room 305. There is a problem here.**
헬로우 디쓰 이즈 룸 뜨리 오우 파이브 데어 이즈 어 프라블럼 히어

나 **Okay, sir. What is the problem?**
오우케이 써 왓 이즈 더 프라블럼

손님 **The toilet won't flush.❶ I don't know what to do.**
더 토일릿 원트 플러쉬 아이 던 노우 왓 투 두

나 **Oh, I'm sorry for the inconvenience.**
오우 아임 쏘리 포 디 인컨비니언쓰

I'll send someone up to check it out right away.
아일 쎈드 썸원 업 투 췌크 잇 아웃 라잇 어웨이

손님 **Thank you so much.**
땡큐 쏘우 머취

나 **My pleasure.❷ Anything else?**
마이 플레줘 에니띵 엘쓰

손님 **No, that's all. Thank you.**
노우 댓쓰 얼 땡큐

외국인 손님이 객실 화장실에 문제가 생겼다고 당황해하며 프런트로 전화했습니다. 친절하게 응대하면서 문제에 대한 해결책을 제공해 봅시다.

나　　안녕하세요. 프런트입니다.

손님　안녕하세요. 305호인데요. 이곳에 문제가 생겼어요.

나　　알겠습니다, 손님. **문제가 뭔가요?**

손님　변기 물이 안 내려가요.❶ 어떻게 해야 할지 모르겠어요.

나　　오, **불편을 끼쳐 드려 죄송합니다.** 당장 사람을 올려 보내 확인하겠습니다.

손님　정말 고마워요.

나　　별말씀을요.❷ 그밖에 필요한 것 없으세요?

손님　아니요, 그게 전부예요. 고맙습니다.

> **새로 나온 단어**
>
> **toilet** [토일릿] 변기
> **flush** [플러쉬] 물이 내려가다
> **send** [센드] 보내다
> **check out** [췌크 아웃] 확인하다

• 표현 들여다보기

❶ **The toilet won't flush.**　won't[원트]는 will not[윌 낫]의 줄임말로, '~가 안 되려고 한다'라고 현재 발생한 문제를 이야기할 때 씁니다. toilet[토일릿]은 '변기'라는 뜻이며 flush[플러쉬]는 '(변기의) 물이 내려가다'라는 뜻의 동사입니다.

❷ **My pleasure.**　상대방으로부터 Thank you.[땡큐] 같은 감사 인사를 들었을 때 '천만에요' 또는 '별말씀을요'처럼 대답하는데요, 이때 쓸 수 있는 답변이 My pleasure.[마이 플레줘]입니다. 명사 pleasure[플레줘]는 '기쁨'이란 뜻인데, '도움이 돼서 제가 오히려 기쁩니다'라는 의미로 이렇게 답합니다. You're welcome.[유어 웰컴] 도 감사에 대한 응답으로 많이 쓰는 표현입니다.

숙박시설에서: 객실 문제 해결하기

🔊 이것쯤은 알아 듣자. 🎧 19-5

방 열쇠를 잃어버린 것 같아요.
I think I lost my room key.
아이 띵크   아이 러스트 마이 룸   키

➕ 객실 중에는 문이 닫히면 저절로 잠기는 경우가 있는데요, 열쇠를 방에 놓고 와서 '문이 잠겨서 못 들어가요'라고 할 때는 I'm locked out.[아임 락트 아웃]이란 표현을 씁니다.

인터넷 접속이 안 돼요.
I can't connect to the Internet.
아이 캔트   커넥트   투 디   인터넷

수건이 없어요.
There is no towel.
데어   이즈 노우   타우얼

변기가 막혔어요.
The toilet is clogged.
더   토일릿   이즈 클라그드

제 방에 있는 난방기가 작동 안 돼요.
The heater in my room doesn't work.
더   히터   인 마이 룸   더즌트   워크

비데가 작동 안 하고 있어요.
The bidet is not working.
더   비데이   이즈 낫   워킹

➕ 난방기, 에어컨, 드라이어 등이 고장 났을 때는 ~ is not working. 또는 ~ doesn't work.라고 말할 수 있습니다.

손님이 방에 생긴 문제를 이야기하거나 서비스에 대해 컴플레인을 할 때 친절하게 응대하는 표현을 익혀 봅시다.

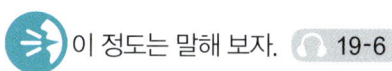 이 정도는 말해 보자.

뭐가 문제인가요?
What's wrong?
왓쓰 렁

문제가 있나요, 손님?
Is there a problem, sir[ma'am]?
이즈 데어 어 프라블럼 써 [맴]

문제가 있으세요, 손님?
Do you have a problem, sir[ma'am]?
두 유 해브 어 프라블럼 써 [맴]

사람을 보내 확인해보겠습니다.
I'll send someone to check it.
아일 쎈드 썸원 투 췌크 잇

곧 손님 객실로 가져다 드릴게요.
I'll bring it up to your room in a few minutes.
아일 브링 잇 업 투 유어 룸 인 어 퓨 미닛츠

✚ minute[미닛]은 '(시간의) 분'을 뜻합니다. in a few minutes는 직역하면 '몇 분 후에'라는 뜻인데 실제로는 '곧, 금방'이란 의미로 사용합니다.

불편함에 대해 사과 드립니다.
I apologize for the inconvenience.
아이 어팔러자이즈 포 디 인컨비니언쓰

✚ 좀 더 정중하게 사과할 때는 I'm sorry for[아임 쎄리 포] 대신 I apologize for[아이 어팔러자이즈 포]를 씁니다. apologize는 '사과하다'라는 뜻의 동사입니다.

20 숙박시설에서 투숙객 배웅하기

○ 다음 대화를 듣고 따라 말해 보세요. 🎧 20-1

대화 A

나 **How was your** stay with us?
　　하우　워즈　유어　스테이　위드　어쓰

손님 It was great.
　　잇　워즈　그레잇

대화 B

나 **Did you** have a good time?
　　디드　유　해브　어　굿　타임

손님 Yes, I had a wonderful time.
　　예쓰　아이 해드　어　원더플　　　타임

How was your + 명사 ?

당신의 ~는 어떠셨어요?

퇴실 수속하는 손님에게 인사를 겸해 숙박이 어땠는지 물어볼 때는 지난 일이므로 과거형을 써서 How was your[하우 워즈 유어] + 명사?로 말합니다. '당신의 ~는 어떠셨어요?'라는 의미입니다. '~는 어때요?' 하고 현재 상태나 상황을 물어볼 때는 How is[하우 이즈] ~?라고 be동사의 현재형을 사용합니다.

pattern 39 숙박은 어떠셨어요?
pattern 40 좋은 시간 보내셨어요?

○ 호텔이나 게스트하우스에서 머물렀던 투숙객이 떠날 때, 퇴실 수속을 하면서 손님을 배웅해 봅시다.

새로 나온 단어

stay [스테이] 머무름, 체류
great [그레잇] 훌륭한
good [굿] 좋은, 괜찮은
time [타임] 시간
wonderful [원더플] 멋진, 훌륭한, 좋은

대화 A

나 　숙박은 어떠셨어요?

손님 　훌륭했어요.

대화 B

나 　좋은 시간 보내셨어요?

손님 　네, 멋진 시간 보냈어요.

단어 TIP

동사 have에는 '(경험을) 하다'라는 뜻이 있습니다. 그래서 '~한 시간을 보내다'를 'have a + 형용사 + time'으로 표현하지요.

pattern 40
Did you + 　동사　?

(당신은) ~하셨어요?

손님이 체크아웃을 할 때 즐거운 시간을 보냈는지 궁금하다면 '(당신은) ~하셨어요?'라는 뜻의 Did you[디드 유] + 동사?로 물어봅시다. 과거시제를 활용해 지난 시간에 대한 손님의 감상을 물어볼 수 있어요. 호텔에 머무는 동안 어떤 서비스를 이용했는지 확인할 때도 유용하게 쓸 수 있는 표현입니다.

How was your ☐?
당신의 ~는 어떠셨어요?

○ 다음 표현을 넣어 문장을 연습해 보세요. 🎧 20-2

1 How was your **stay at our hotel**?
하우 워즈 유어 스테이 앳 아워 호우텔

2 How was your **meal**?
하우 워즈 유어 미일

3 How was your **room service**?
하우 워즈 유어 룸 써비쓰

4 How was your **day today**?
하우 워즈 유어 데이 투데이

1 저희 호텔에서 숙박은 어떠셨어요?
2 식사는 어떠셨어요?
3 룸 서비스는 어떠셨어요?
4 오늘 하루는 어떠셨어요?

---

1 stay at our hotel 장소 전치사 at[앳]은 '~에서'라는 뜻으로, at our hotel[앳 아워 호텔]은 '저희 호텔에서'라는 뜻이 됩니다. '저희 게스트하우스에서'라고 할 때는 at our guesthouse[앳 아워 게스트하우쓰]라고 하면 되지요.

3 room service 손님이 머물고 있는 객실(room)까지 식사를 갖다 주는 서비스(service)를 room service[룸 써비쓰]라고 합니다. 주로 고급 호텔에서 제공하는 서비스인데, 아침식사는 물론 다양한 간식과 음료도 제공하지요.

Did you ⬚ ?
(당신은) ~하셨어요?

● 다음 표현을 넣어 문장을 연습해 보세요. 🎧 20-3

1 **Did you use the minibar?**
   디드 유 유즈 더 미니바

2 **Did you like your room?**
   디드 유 라익 유어 룸

3 **Did you enjoy your stay?**
   디드 유 인조이 유어 스테이

4 **Did you have a good trip?**
   디드 유 해브 어 굿 트립

1 미니바를 사용하셨어요?
2 객실은 마음에 드셨어요?
3 즐겁게 머무르셨어요?
4 즐거운 여행을 하셨어요?

---

1 use the minibar 가벼운 음료와 다과류를 구비해 놓은 호텔의 소형 냉장고를 minibar[미니바]라고 합니다. use the minibar(미니바를 사용하다) 대신 '미니바에서 뭘 먹다'란 뜻의 have anything from the minibar[해브 에니띵 프럼 더 미니바]를 활용해 미니바 사용 여부를 물어봐도 좋습니다.

3 enjoy your stay 동사 enjoy[인조이]는 '즐기다', 명사 stay[스테이]는 '체류'라는 뜻입니다. enjoy your stay는 '체류를 즐기다', 즉 '즐겁게 머무르다'란 뜻이 되지요.

미션 손님을 배웅하자

○ 다음 대화를 듣고 따라 말해 보세요. 🎧 20-4

손님 Good morning. I'd like to check out, please.
굿 모닝 아이드 라익 투 췌크 아웃 플리즈

나 Okay. Could I have your room key, please?❶
오우케이 쿠드 아이 해브 유어 룸 키 플리즈

손님 Here you are.
히어 유 아

나 Thank you. **How was your stay with us?**
땡큐 하우 워즈 유어 스테이 위드 어쓰
Did you have a good time?
디드 유 해브 어 굿 타임

손님 It was more joyful and exciting than I had expected.
잇 워즈 모어 줘이펄 앤 익싸이팅 댄 아이 해드 익스펙티드

나 Oh, really? I'm glad to hear that.❷
오우 리얼리 아임 글래드 투 히어 댓

손님 I would like to thank you for your hospitality, too.
아이 우드 라익 투 땡큐 포 유어 하스퍼탤러티 투

나 You're welcome. Enjoy the rest of your trip.
유어 웰컴 인조이 더 레스트 어브 유어 트립

190

일주일 동안 우리 게스트하우스에 머물렀던 손님이 떠나는 날입니다. 마지막까지 친절하게 응대하며 손님을 배웅해 봅시다.

손님 안녕하세요. 체크아웃 부탁드려요.

나 알겠습니다. 방 열쇠 주시겠습니까? ❶

손님 여기요.

나 고맙습니다. **숙박은 어떠셨어요?**
좋은 시간 보내셨어요?

손님 기대했던 것보다 더 즐겁고 신났어요.

나 오, 정말요? 다행이네요. ❷

손님 환대에 또한 감사 드리고 싶어요.

나 천만에요. 남은 여행도 즐겁게 보내세요.

새로 나온 단어

check out [췌크 아웃]
퇴실하다, 체크아웃하다

key [키] 열쇠

joyful [줘이펄] 즐거운, 기쁜

exciting [익싸이팅] 신나는

expect [익스펙트]
기대하다, 예상하다

hear [히어] 듣다

hospitality [하스퍼탤러티]
환대

trip [트립] 여행

• 표현 들여다보기

❶ **Could I have your room key, please?** Could I [쿠드 아이] ~?를 쓰면 Can I [캔 아이] ~?로 물어보는 것보다 좀 더 격식을 차린 표현이 됩니다. 손님에게 정중하게 어떤 물건을 건네 달라고 부탁할 때는 Could I have [쿠드 아이 해브] + 물건?으로 말해 보세요. '제가 ~를 가질 수 있을까요?'라는 뜻이니까 '~를 주시겠어요?'라는 의미가 됩니다.

❷ **I'm glad to hear that.** 직역하면 '그것을 들어서 기쁩니다'라는 의미인데, 상대방으로부터 좋은 소식이나 칭찬을 들었을 때 '다행이네요, 잘됐네요'라는 뜻으로 이렇게 말할 수 있습니다.

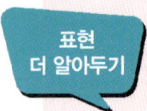

숙박시설에서: 투숙객 배웅하기

🎧 이것쯤은 알아 듣자.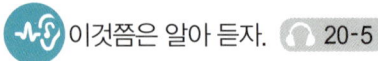

퇴실 수속 부탁드려요.
Check out, please.
췌크   아웃   플리즈

퇴실은 몇 시까지인가요?
What time is checkout?
왓   타임   이즈 췌크아웃

➕ When is the checkout time?[웬 이즈 더 췌크아웃 타임]이라고 말할 수도 있습니다.

늦게 퇴실할 수 있어요?
Can I check out late?
캔   아이 췌크   아웃   레잇

이건 무슨 비용이에요?
What is this charge for?
왓   이즈 디쓰   촤쥐   포

제가 퇴실한 후에도 짐을 보관해 주실 수 있나요?
Could you keep my luggage after I check out?
쿠드   유   킵   마이   러기쥐   애프터   아이 췌크   아웃

➕ 동사 keep[킵]에는 '보관하다'라는 뜻이 있습니다.

택시 좀 불러 주세요.
Please call me a taxi.
플리즈   컬   미   어 택씨

➕ a taxi에서 a를 빼고 말하면 '나는 택시라고 불러 주세요'라는 우스운 뜻이 되니 주의하세요.

손님에게 마지막까지 좋은 인상을 남기려면 배웅 인사가 중요합니다. 퇴실 수속을 진행할 때 쓰는 표현과 손님을 배웅하면서 인사할 때 쓰는 표현을 익혀 봅시다.

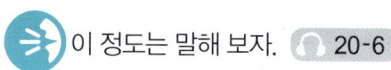 이 정도는 말해 보자.

지금 퇴실 하시겠어요?
Would you like to check out now?
우드   유   라익   투   췌크   아웃   나우

방 열쇠를 주십시오.
Your room keys, please.
유어   룸   키즈   플리즈

추가 요금이 나왔습니다.
Here is the extra charge.
히어   이즈 디   엑쓰트러   촤쥐

➕ extra charge[엑쓰트러 촤쥐]는 룸서비스나 미니바에 대해 청구하는 '추가 요금'을 뜻합니다.

좋은 하루 되십시오.
Have a great day.
해브   어 그레잇   데이

편하게 저희 게스트하우스를 다시 들러 주십시오.
Feel free to visit our guesthouse again.
필   프리   투   비짓   아워   게스트하우쓰   어겐

➕ 'feel free to[필 프리 투] + 동사'는 '마음 놓고 ~하다', '부담 없이 ~하다'라는 뜻입니다.

다음에도 저희 호텔을 또 방문해 주십시오.
Please visit our hotel again next time.
플리즈   비짓   아워   호우텔   어겐   넥쓰트   타임

생활 속 영어 TIP

게스트하우스 이용 안내문 만들기

20-7
MP3로 들으세요

게스트하우스에서는 여러 사람이 공동으로 사용하는 공간이 많기 때문에 관리에 더욱 주의를 기울여야 합니다.

게스트하우스에 묵는 손님들에게 숙박에 관해 안내할 때 쓸 수 있는 표현을 모았으니 안내문을 만들 때 활용해 보세요.

예약 안내

조식 포함
Breakfast included

조식 불포함
Breakfast not included

금연 객실만 가능
Nonsmoking room only

도착일 전날까지 무료 취소 가능
Free cancelation up to the day before your arrival

체크인 및 체크아웃

입실 시간은 오후 4시 이후이며, 퇴실 시간은 오전 11시까지입니다.
Check-in after 4 p.m. and checkout until 11 a.m.

퇴실 시 방 열쇠를 반납해 주십시오.
Please hand in your room key when you check out.

늦게 퇴실하면 추가 요금이 있습니다.
There is an extra charge for late checkout.

시설 이용

조식은 아침 7시부터 9시까지 제공됩니다.
Breakfast is served from 7 a.m. to 9 a.m.

그릇은 사용하신 후 씻어 주세요.
Please wash your dishes after using them.

1층에 동전 세탁기가 있습니다.
There is a coin washing machine on the 1st floor.

무료 와이파이 (아이디 / 비밀번호)
Free Wi-Fi (ID / password)

자전거 대여 가능 (하루에 5천원)
Bicycle rental available (5,000 won per day)

객실 이용

신발을 벗어 주세요.
Please take off your shoes.

슬리퍼는 객실 내에서만 신을 수 있습니다.
Slippers are only allowed to be worn in the room.

휴지는 변기에 버려주세요.
Please throw toilet paper in the toilet.

외출하기 전에 에어컨을 꺼 주세요.
Please turn off the air conditioner before you go out

주의사항

미성년자 출입금지
No minors allowed.

금연
No smoking.

흡연은 엄격하게 금지되어 있습니다.
Smoking is strictly prohibited.

밤 10시 이후에는 객실 내에서 조용히 해 주세요.
Please be quiet in the room after 10 p.m.

취식과 음주는 객실 내에서 금지되어 있습니다.
Food and drinks are not allowed in the room.

분실되거나 파손된 어떤 물품에 대해서도 책임지지 않습니다.
We do not take responsibility for any lost or damaged items.

교통시설에서 일할 때

21 택시에서 　　손님 태우기
22 택시에서 　　손님 내려 주기
23 버스에서 　　승객 태우기
24 지하철역에서 지하철 안내하기
25 기차역에서 　기차표 판매하기

WELCOME

21 택시에서 손님 태우기

다음 대화를 듣고 따라 말해 보세요. 🎧 21-1

대화 A

손님: **How long does it take to get to the airport?**
하우 롱 더즈 잇 테익 투 겟 투 디 에어포트

나: **It usually takes about** 30 minutes.
잇 유주얼리 테익스 어바웃 떠티 미닛츠

대화 B

나: **Is this your first visit to** Korea?
이즈 디쓰 유어 퍼스트 비짓 투 코리어

손님: **Yes, it is.**
예쓰 잇 이즈

pattern 41

It usually takes about + 시간 **.**

보통 ~ 정도 걸립니다.

목적지까지 걸리는 시간을 알려 줄 때는 '보통 ~ 정도 걸립니다'라는 뜻의 It usually takes about[잇 유주얼리 테익스 어바웃] + 시간.으로 말해 보세요. 동사 take[테익]은 '(시간이) 걸리다'란 뜻이고 usually[유주얼리]는 '보통'이라는 뜻의 부사입니다. 대략적인 소요 시간은 시간 앞에 about(~정도, 약)을 붙여 말하면 됩니다.

pattern 41 보통 30분 정도 걸립니다.
 pattern 42 이번이 한국 처음 방문이세요?

● 외국인 손님이 택시에 탔을 때, 목적지까지 걸리는 시간을 알려주고 가볍게 이야기를 나눠 봅시다.

대화 A

손님 공항에 도착하는 데 얼마나 걸려요?

나   보통 30분 정도 걸립니다.

대화 B

나   이번이 한국 처음 방문이세요?

손님 네, 그래요.

새로 나온 단어

get to [겟 투]
~에 도착하다

airport [에어포트]
공항

usually [유주얼리]
보통, 대개

thirty [떠티] 30, 삼십

minute [미닛] 분

first [퍼스트] 처음의

visit [비짓]
방문, 방문하다

Korea [코리어] 한국

 pattern 42

Is this your first visit to +  ?

이번이 ~ 처음 방문입니까?

택시를 탄 손님에게 간단하게 말을 걸어 보고 싶을 때는 '이번이 ~ 처음 방문입니까?'라는 의미의 Is this your first visit to[이즈 디쓰 유어 퍼스트 비짓 투] + 장소? 패턴으로 물어보세요. first[퍼스트]가 '처음의, 첫 번째의'라는 뜻이고 visit[비짓]은 명사로는 '방문'이란 뜻입니다.

pattern 41

It usually takes about ☐ **.**

보통 ~ 정도 걸립니다.

○ 다음 표현을 넣어 문장을 연습해 보세요. 🎧 21-2

1 **It usually takes about 20 minutes.**
  잇 유주얼리   테익스   어바웃   트웨니 미닛츠

2 **It usually takes about an hour.**
  잇 유주얼리   테익스   어바웃   언 아워

3 **It usually takes about half an hour.**
  잇 유주얼리   테익스   어바웃   해프 언 아워

4 **It usually takes about an hour and a half.**
  잇 유주얼리   테익스   어바웃   언 아워 앤 어 해프

1 보통 **20분** 정도 걸립니다.
2 보통 **1시간** 정도 걸립니다.
3 보통 **30분** 정도 걸립니다.
4 보통 **1시간 30분** 정도 걸립니다.

2 an hour '시간'이라는 뜻의 hour[아워]에서 h는 소리가 나지 않아 모음 소리로 시작하므로, '1시간'은 a hour[어 아워]가 아니라 an hour[언 아워]라고 합니다. 참고로 '2시간'은 two hours[투 아워즈]라고 하는데, 이때는 hour에 -s를 붙입니다.

3 half an hour / 4 an hour and a half half[해프]는 '절반'이라는 뜻인데 '30분'은 한 시간의 절반에 해당하므로 half an hour[해프 언 아워]라고 표현합니다. 한편 '몇 시간 반'이라고 할 때는 ~ hour and a half[아워 앤 어 해프]라는 표현을 쓰지요.

Is this your first visit to ☐?

이번이 ~ 처음 방문입니까?

○ 다음 표현을 넣어 문장을 연습해 보세요. 🎧 21-3

1 Is this your first visit to Seoul?
이즈 디쓰 유어 퍼스트 비짓 투 서울

2 Is this your first visit to Busan?
이즈 디쓰 유어 퍼스트 비짓 투 부산

3 Is this your first visit to Gyeongbokgung Palace?
이즈 디쓰 유어 퍼스트 비짓 투 경복궁 팰리쓰

4 Is this your first visit to Jeju Island?
이즈 디쓰 유어 퍼스트 비짓 투 제주 아일런드

1 이번이 **서울** 처음 방문입니까?
2 이번이 **부산** 처음 방문입니까?
3 이번이 **경복궁** 처음 방문입니까?
4 이번이 **제주도** 처음 방문입니까?

3 Gyeongbokgung Palace palace[팰리쓰]는 '궁전'이라는 뜻입니다. '궁'에 이미 palace의 의미가 들어 있지만, 한국어를 모르는 외국인들을 위해 '경복궁'을 Gyeongbokgung Palace라고 부릅니다. '덕수궁'도 Deoksu palace[덕수 팰리쓰]보다 Deoksugung palace[덕수궁 팰리쓰]라는 명칭을 많이 씁니다.

4 Jeju Island '~도'라고 섬 이름을 말할 때는 Jeju Island[제주 아일런드]처럼 말해요. island[아일런드]는 '섬'이라는 뜻인데 중간의 s는 발음되지 않습니다.

미션 손님을 택시에 태우고 가자

○ 다음 대화를 듣고 따라 말해 보세요. 🎧 21-4

나 **Where can I take you, ma'am?**
웨어 캔 아이 테익 유 맘

손님 **Would you take me to the COEX Mall?**
우드 유 테익 미 투 더 코엑스 멀

나 **Of course. Fasten your seat belt, please.❶**
어브 코쓰 패쓴 유어 씻 벨트 플리즈

손님 **Okay. How long does it take to get there from here?**
오우케이 하우 롱 더즈 잇 테익 투 겟 데어 프럼 히어

나 **Well, it usually takes about 30 minutes.**
웰 잇 유주얼리 테익스 어바웃 떠티 미닛츠

손님 **I see. How much will the fare be?❷**
아이 씨 하우 머취 윌 더 페어 비

나 **About 10,000 won.**
어바웃 텐 따우전드 원

Anyway, is this your first visit to Korea?
에니웨이 이즈 디쓰 유어 퍼스트 비짓 투 코리어

손님 **No, I was here last year, actually.**
노우 아이 워즈 히어 래스트 이어 액슈얼리

외국인 승객이 내가 운전하는 택시에 탔습니다. 먼저 승객이 가려는 목적지를 확인하고, 택시를 운전하면서 손님과 자연스럽게 대화를 나눠 봅시다.

나	어디로 모실까요, 손님?
손님	코엑스몰로 가 주시겠어요?
나	물론이죠. 안전벨트를 매 주십시오.❶
손님	네. 여기서 거기에 도착하는 데 얼마나 걸려요?
나	글쎄요. 보통 30분 정도 걸립니다.
손님	그렇군요. 요금은 얼마나 나올까요?❷
나	만원 정도입니다. 그런데 이번이 한국 처음 방문이세요?
손님	아니요, 실은 작년에 이곳에 왔었어요.

새로 나온 단어

take [테익] 데리고 가다
mall [멀] 쇼핑 몰
fasten [패쓴] 매다
seat belt [씻 벨트] 좌석벨트, 안전벨트
fare [페어] 요금
actually [액슈얼리] 사실은, 실은

• 표현 들여다보기

❶ **Fasten your seat belt, please.** 요즘은 뒷좌석에서도 안전벨트 착용이 필수인데요, '안전벨트'는 seat belt[씻 벨트] 또는 safety belt[쎄이프티 벨트]라고 합니다. '안전벨트를 착용하세요'라고 할 때는 동사 fasten[패쓴: 매다] 외에도, buckle[버클: 조이다], wear[웨어: 착용하다]를 쓸 수 있습니다. Buckle your seat belt.[버클 유어 씻 벨트] 또는 Wear your seat belt.[웨어 유어 씻 벨트]라고 해도 좋습니다. 간단하게 Buckle up.[버클 업]이라는 표현도 많이 쓰지요.

❷ **How much will the fare be?** 버스, 택시, 기차 등의 교통 요금을 fare[페어]라고 합니다. '요금이 얼마예요?'라고 가격을 물어볼 때는 How much is the fare?[하우 머취 이즈 더 페어]라고 하는데, '요금이 얼마나 나올까요?' 하고 앞으로 나올 요금을 예측해서 묻는 거니까 '~할 것이다'란 뜻의 will[윌]을 써서 물어보는 거지요.

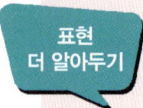 ## 택시에서: 손님 태우기

🎧 이것쯤은 알아 듣자.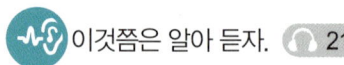

공항으로 가 주세요.
To the airport, please.
투 디 에어포트 플리즈

이 주소로 가 주세요.
Please take me to this address.
플리즈 테익 미 투 디쓰 애드레쓰

➕ 외국인이 목적지 주소를 쓴 종이나, 스마트폰에서 검색한 주소를 내밀면서 이렇게 말할 수도 있습니다. address[애드레쓰]는 '주소'라는 뜻입니다.

송도 센트럴 공원으로 가 주세요.
Take me to Songdo Central Park, please.
테익 미 투 송도 쎈트럴 파크 플리즈

트렁크 좀 열어 주실래요?
Can you open the trunk, please?
캔 유 오픈 더 트렁크 플리즈

힐튼 호텔까지 얼마예요?
How much is it to the Hilton Hotel?
하우 머취 이즈 잇 투 더 힐튼 호우텔

빨리 가 주세요.
Step on it, please.
스텝 언 잇 플리즈

➕ step on은 '밟다'라는 의미인데, '엑셀을 밟아 주세요', 즉 '빨리 가 주세요'라는 의미로 쓰는 표현입니다. '서둘러 주세요'란 의미로 Please hurry.[플리즈 허리]라고 말할 수도 있습니다.

택시에 외국인 손님이 탔을 때는 가려는 목적지를 정확히 확인하는 것이 제일 중요합니다. 잘 모르겠을 때는 종이에 목적지 이름이나 주소를 적어 달라고 부탁해 보세요.

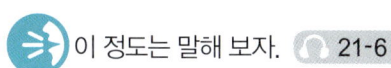 이 정도는 말해 보자. 🎧 21-6

어디로 모실까요, 손님?

Where to, sir[ma'am]?
웨어 투 써 [맴]

+ 가장 간단하게 목적지를 묻는 질문으로, 택시를 이용하는 외국 승객이 남성일 때는 sir[써], 여성일 때는 ma'am[맴]을 뒤에 넣어 물어보면 됩니다.

어디로 모실까요?

Where do you want me to take you?
웨어 두 유 원 미 투 테익 유

어디로 가시죠?

Where are you going?
웨어 아 유 고우잉

안전벨트를 착용해 주세요.

Please put on your seat belt.
플리즈 풋 언 유어 씻 벨트

요금은 만원 정도 나올 겁니다.

The fare will be around 10,000 won.
더 페어 윌 비 어라운드 텐 따우전드 원

+ around[어라운드]는 about[어바웃]과 마찬가지로 '대략, 약'이라는 뜻이 있습니다.

짐을 트렁크에 실어 드릴까요?

Would you like me to put your luggage into the trunk?
우드 유 라익 미 투 풋 유어 러기쥐 인투 더 트렁크

22 택시에서 손님 내려 주기

다음 대화를 듣고 따라 말해 보세요. 🎧 22-1

대화 A

손님 How much is the fare?
하우 머취 이즈 더 페어

나   **Let me** see. It's 10,000 won.
렛 미 씨 잇쓰 텐 따우전드 원

대화 B

손님 Keep the change.
킵 더 췌인쥐

나   Thank you. **Have a** nice day.
땡큐 해브 어 나이쓰 데이

Let me + 동사 .

제가 ~해 드릴게요. / 제가 ~할게요.

let[렛]은 '허락하다'란 뜻의 동사입니다. Let me[렛 미] + 동사.는 직역하면 '제가 ~하도록 허락해 주세요'라는 의미인데, '제가 ~해 드릴게요'라고 도움을 제안하거나 '제가 ~할게요'라고 자신이 뭔가를 하겠다는 의지를 표현할 때 흔히 씁니다.

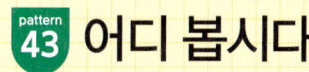 **어디 봅시다.**

좋은 하루 보내세요.

○ 외국인 승객을 목적지까지 안전하게 데려다 준 뒤, 요금을 계산하고 작별인사를 건네 봅시다.

새로 나온 단어

keep [킵] 가지고 있다

nice [나이쓰] 멋진, 좋은

day [데이] 날, 하루

• 대화 A

손님   요금은 얼마예요?

나   어디 봅시다. 만원입니다.

• 대화 B

손님   잔돈은 가지세요.

나   고맙습니다. 좋은 하루 보내세요.

단어 TIP

Let me see.를 직역하면 '제가 볼게요'라는 뜻인데요, 상대방의 질문에 생각할 시간을 벌면서 '어디 한 번 봅시다'라는 의미로 쓰입니다.

Have a + 형용사 + 명사 .

~한 …를 보내세요. / ~한 … 되세요.

택시에서 내리는 손님에게 작별인사를 한마디 건넬 수 있습니다. 이때 쓸 수 있는 패턴이 Have a[해브 에] + 형용사 + 명사.입니다. '~한 …를 보내세요', '~한 … 되세요'란 뜻의 작별인사로 흔히 쓰는 표현이지요. 식당, 가게, 호텔에서 손님을 배웅할 때도 즐겨 쓰는 패턴이니 꼭 기억해 두세요.

pattern 43

Let me _____ .

제가 ~해 드릴게요. / 제가 ~할게요.

○ 다음 표현을 넣어 문장을 연습해 보세요. 🎧 22-2

1 **Let me help you.**
   렛 미 헬프 유

2 **Let me check it for you.**
   렛 미 췌크 잇 포 유

3 **Let me carry your baggage.**
   렛 미 캐리 유어 배기쥐

4 **Let me take you there.**
   렛 미 테익 유 데어

1 제가 **당신을 도와** 드릴게요.
2 제가 **확인해** 드릴게요.
3 제가 **짐을 옮겨** 드릴게요.
4 제가 **당신을 그곳에 모셔다** 드릴게요.

3 **carry your baggage** 동사 carry[캐리]는 '옮기다'란 뜻이며 명사 baggage[배기쥐]는 '짐'을 뜻하는 단어로 luggage[러기쥐]도 같은 뜻입니다. 택시에서 내리는 승객이 짐이 무거워서 힘들어 한다면 이 표현을 활용해 말해 보세요.

4 **take you there** take[테익]은 다양한 뜻을 갖는 동사인데, '(사람을) 데려다 주다'라는 뜻이 있습니다. 목적지까지 차로 데려다 주던, 걸어서 데려다 주던 사람을 데려다 주는 행위는 모두 동사 take[테익]으로 표현합니다.

Have a ☐.

~ 보내세요. / ~ 되세요.

○ 다음 표현을 넣어 문장을 연습해 보세요. 🎧 22-3

1 Have a great time here in Korea.
   해브   어   그레잇   타임   히어   인   코리어

2 Have a good vacation.
   해브   어   굿   베이케이션

3 Have a nice trip.
   해브   어   나이쓰   트립

4 Have a pleasant stay.
   해브   어   플레즌트   스테이

1 이곳 한국에서 좋은 시간 보내세요.
2 좋은 휴가 보내세요.
3 즐거운 여행 되세요.
4 즐거운 체류 되세요.

1 great time here in Korea 형용사 great[그레잇]은 '훌륭한, 좋은'이란 뜻입니다. 그래서 great time here in Korea[그레잇 타임 히어 인 코리어]는 '이곳 한국에서 좋은 시간'이란 뜻이 됩니다. '여기에, 이곳에'라는 뜻의 부사 here[히어]는 생략해도 됩니다.

4 pleasant stay 형용사 pleasant[플레즌트]는 '즐거운, 유쾌한'이란 뜻이고 stay[스테이]는 '체류'라는 뜻입니다. Have a pleasant stay.는 '머물 동안 즐거운 시간 보내세요'라는 뜻인데, 호텔에서도 많이 쓰는 인사말입니다.

| 미션 | **손님을 목적지에 내려 주자**

🔊 다음 대화를 듣고 따라 말해 보세요. 🎧 22-4

손님 **Excuse me. Are we there yet?**
익쓰큐즈 미 아 위 데어 옛

나 **We're almost there.**
위어 얼모우스트 데어

Here we are.❶ **This is Gyeongbokgung Palace.**
히어 위 아 디쓰 이즈 경복궁 팰리쓰

손님 **How much is the fare?**
하우 머취 이즈 더 페어

나 **Let me see. It's 5,000 won.**
렛 미 씨 잇쓰 파이브 따우전드 원

손님 **Do you have change for a 50,000 won bill?**
두 유 해브 췌인쥐 포 어 피프티 따우전드 원 빌

나 **Of course. Do you need a receipt?**
어브 코쓰 두 유 니드 어 리씻

손님 **No, I'm good. Thanks.**❷
노우 아임 굿 땡쓰

나 **Here is your change. Have a nice day.**
히어 이즈 유어 췌인쥐 해브 어 나이쓰 데이

210

외국인 승객이 말한 목적지에 드디어 도착했습니다. 택시 요금이 얼마인지 안내하고 요금을 계산해 줍시다.

손님   죄송한데요. 도착하려면 아직 멀었나요?

나   거의 다 와가요.
다 왔습니다.❶ 이곳이 경복궁이에요.

손님   요금은 얼마예요?

나   **어디 봅시다.** 5천원이네요.

손님   5만원 짜리 지폐인데 잔돈 있으세요?

나   물론입니다. 영수증 필요하세요?

손님   아니요, 고맙지만 괜찮습니다.❷

나   여기 잔돈입니다. **좋은 하루 보내세요.**

새로 나온 단어

yet [옛] 아직
almost [얼모우스트] 거의
bill [빌] 지폐

표현 들여다보기

❶ **Here we are.**   직역하면 '우리가 여기 있어요'란 뜻인데, 택시가 목적지에 도착했을 때 '다 왔습니다', '도착했습니다'라는 의미로 이렇게 말합니다. 같은 의미로 We are here.[위 아 히어]라고 말해도 좋습니다.

❷ **No, I'm good. Thanks.**   상대방의 제안을 거절할 때 쓰는 표현입니다. 여기서 I'm good.[아임 굿]은 '좋아요'가 아닌 '괜찮아요'라는 뜻으로, 좋다고 승낙하는 표현이 아니라 뭔가를 사양할 때 쓰는 표현이니 뉘앙스에 주의해서 알아두세요. 이렇게 거절 의사를 전달하는 말 뒤에 고맙다는 의미의 Thanks[땡쓰]를 덧붙이면 의미가 부드러워집니다.

택시에서: 손님 내려 주기

🎧 이것쯤은 알아 듣자. 🎧 22-5

도착하려면 얼마나 남았어요?
How long before we arrive?
하우 롱 비포 위 어라이브

여기서 내려 주세요.
Drop me off here, please.
드랍 미 어프 히어 플리즈

✚ drop off는 '(차에서) 내려 주다'란 뜻입니다. 승객이 이렇게 부탁하면 간단하게 Okay.(알겠어요.)라고 대답하면 됩니다.

횡단보도에서 세워 주실 수 있을까요?
Could you stop at the crosswalk?
쿠드 유 스탑 앳 더 크러쓰워크

저 건물 앞에서 세워 주세요.
Please stop in front of that building.
플리즈 스탑 인 프런트 어브 댓 빌딩

5만원짜리를 잔돈으로 바꿔 주실 수 있어요?
Could you break a 50,000 won bill?
쿠드 유 브레이크 어 피프티 따우전드 원 빌

✚ break는 '깨다, 부수다'란 뜻의 동사인데 '(돈을 잔돈으로) 깨다'라는 의미도 있습니다.

영수증이 필요해요.
I need a receipt.
아이 니드 어 리씻

손님이 어디에서 내리겠다고 의사를 표현할 때 쓰는 말과 택시 요금을 계산해 줄 때 쓰는 표현을 잘 익혀 두세요.

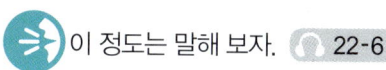 이 정도는 말해 보자. 22-6

여기입니다.
This is it.
디쓰 이즈 잇

+ 목적지에 도착했을 때 '다 왔습니다'라는 의미로 사용할 수 있는 표현입니다.

택시 요금은 만 원입니다.
The taxi fare is 10,000 won.
더   택씨 페어   이즈 텐 따우전드   원

잔돈 갖고 계세요?
Do you have any smaller bills?
두 유   해브   에니   스멀러   빌즈

+ smaller는 '더 작은'이란 뜻으로, 정확히는 '더 작은 단위의 돈을 갖고 있습니까?'라는 뜻입니다. 승객이 5만원짜리 지폐로 계산하려고 할 때 거슬러 줄 잔돈이 모자라다면 이렇게 물어보세요.

혹시 현금 있으세요?
Do you have any cash?
두 유   해브   에니   캐쉬

요금을 신용카드로 결제하실 수 있습니다.
You can pay the fare by credit card.
유 캔 페이 더   페어 바이 크레딧   카드

한국에서 머무는 동안 즐거운 시간 보내세요.
Enjoy your stay in Korea.
인조이   유어   스테이 인 코리어

23 버스에서 승객 태우기

다음 대화를 듣고 따라 말해 보세요. 🎧 23-1

대화 A

손님 How can I pay for it?
하우 캔 아이 페이 포 잇

나 **You can** put the fare in the fare box.
유 캔 풋 더 페어 인 더 페어 박쓰

대화 B

손님 Where should I get off to go to Seoul Land?
웨어 슈드 아이 겟 어프 투 고우 투 서울 랜드

나 **I'll let you know** when we get there.
아일 렛 유 노우 웬 위 겟 데어

pattern 45

You can + 동사 **.**

~하시면 됩니다. / ~하실 수 있습니다.

조동사 can[캔]은 '~할 수 있다'라는 뜻인데, '~해도 된다'라는 허락의 뜻도 갖고 있습니다. 그래서 You can[유 캔] + 동사. 패턴으로 말하면 '~하시면 됩니다', '~하실 수 있습니다'라는 의미를 전달할 수 있습니다. 차비를 현금이나 교통카드로 지불할 수 있다고 얘기할 때도 사용할 수 있는 표현입니다.

pattern 45 요금통에 요금을 넣으시면 됩니다.
pattern 46 거기 도착하면 알려 드릴게요.

 미니강의

● 버스를 이용하는 외국인 승객을 안내할 쓸 수 있는 표현을 익혀 봅시다.

새로 나온 단어

put [풋] 두다, 넣다
fare box [페어 박쓰] 요금통
get off [겟 어프] (교통수단에서) 내리다

● **대화 A**

손님: 어떻게 지불하면 되지요?

나: 요금통에 요금을 넣으시면 됩니다.

● **대화 B**

손님: 서울랜드 가려면 어디서 내려야 하죠?

나: 거기 도착하면 알려 드릴게요.

단어 TIP

요금(fare)을 넣는 상자(box)인 '요금통'을 fare box[페어 박쓰]라고 합니다.

 pattern 46

I'll let you know + 목적어 .

제가 ~를 알려 드릴게요.

승객이 시간이 얼마나 걸리는지, 어디서 내려야 할지 질문했을 때는 '제가 ~를 알려 드릴게요'라는 뜻의 I'll let you know[아일 렛 유 노우] + 목적어.로 답해 보세요. 목적어 자리에는 '의문사(where, when, how 등) + 주어 + 동사' 또는 '의문사 + to + 동사' 구조가 나올 수 있습니다.

pattern 45

You can _____.

~하시면 됩니다. / ~하실 수 있습니다.

○ 다음 표현을 넣어 문장을 연습해 보세요. 🎧 23-2

1. **You can get off here.**
   유 캔 겟 어프 히어

2. **You can take the number 8 bus.**
   유 캔 테익 더 넘버 에잇 버쓰

3. **You can pay in cash.**
   유 캔 페이 인 캐쉬

4. **You can get on the bus here.**
   유 캔 겟 언 더 버쓰 히어

1. 여기서 내리시면 됩니다.
2. 8번 버스를 타시면 됩니다.
3. 현금으로 내시면 됩니다.
4. 여기서 버스를 타시면 됩니다.

2 take the number 8 bus '버스를 타다'를 take the bus[테익 더 버쓰]라고 하는데, '몇 번 버스'는 '번호'를 뜻하는 number[넘버]와 숫자를 함께 써서 number 8 bus[넘 버 에잇 버쓰]처럼 말하면 됩니다.

4 get on the bus here 버스를 탈 때는 발로 발판을 밟아야 하므로, '(버스를) 타다' 라고 할 때는 '~위에'라는 뜻을 가진 전치사 on[언]을 사용해서 get on[겟 언]이라는 표현을 씁니다.

pattern 46

I'll let you know ☐.

제가 ~를 알려 드릴게요.

○ 다음 표현을 넣어 문장을 연습해 보세요. 🎧 23-3

1 **I'll let you know where to get off.**
   아일 렛 유 노우 웨어 투 겟 어프

2 **I'll let you know when to get off.**
   아일 렛 유 노우 웬 투 겟 어프

3 **I'll let you know how to use it.**
   아일 렛 유 노우 하우 투 유즈 잇

4 **I'll let you know when the bus arrives.**
   아일 렛 유 노우 웬 더 버쓰 어라이브즈

1 제가 **어디에서 내려야 할지** 알려 드릴게요.
2 제가 **언제 내려야 할지** 알려 드릴게요.
3 제가 **어떻게 사용하는지** 알려 드릴게요.
4 제가 **버스가 도착하면** 알려 드릴게요.

1 **where to get off** / 2 **when to get off** '(버스에서) 내리다'는 전치사 off[어프]를 활용해 get off[겟 어프]라고 합니다. '어디에서'란 뜻의 where[웨어]를 사용해서 where to get off[웨어 투 겟 어프]라고 하면 '어디에서 내려야 할지'라는 뜻이 되고, '언제'란 뜻의 when[웬]을 써서 when to get off[웬 투 겟 어프]라고 하면 '언제 내려야 할지'라는 의미가 됩니다.

미션 버스를 탄 승객과 대화하자

○ 다음 대화를 듣고 따라 말해 보세요. 🎧 23-4

손님 Hello. Is this the right bus for Itaewon?❶
헬로우 이즈 디쓰 더 라잇 버쓰 포 이태원

나 Yes, it is.
예쓰 잇 이즈

손님 Good. What's the bus fare?
굿 왓쓰 더 버쓰 페어

나 It's 1,300 won.
잇쓰 떠틴 헌드레드 원

손님 Can I pay in cash?
캔 아이 페이 인 캐쉬

나 Yes, **you can put the fare in the fare box.**
예쓰 유 캔 풋 더 페어 인 더 페어 박쓰

손님 Anyway, could you tell me where to get off?❷
에니웨이 쿠드 유 텔 미 웨어 투 겟 어프

나 Okay. **I'll let you know when we get there.**
오우케이 아일 렛 유 노우 웬 위 겟 데어

손님 Thank you.
땡큐

218

이태원 방향으로 운행하는 버스에 외국인 승객이 탔습니다. 목적지로 가는 버스가 맞는지 확인해 주고 요금 내는 법도 알려줍시다.

손님   안녕하세요. 이거 이태원 가는 버스 맞나요? ❶

나   네, 그렇습니다.

손님   잘됐네요. 버스 요금은 얼마예요?

나   1300원입니다.

손님   현금으로 내도 되나요?

나   네, **요금통에 요금을 넣으시면 돼요.**

손님   그런데요, 어디서 내려야 할지 말씀해 주시겠어요? ❷

나   알겠습니다. **거기 도착하면 알려드릴게요.**

손님   고마워요.

새로 나온 단어

right [라잇] 맞는, 옳은
anyway [에니웨이] 어쨌든, 아무튼
tell [텔] 이야기하다, 말하다

표현 들여다보기

❶ **Is this the right bus for Itaewon?**   승객이 버스의 목적지를 확인할 때 Is this the right bus for[이즈 디쓰 더 라잇 버쓰 포] + 목적지?(이거 ~로 가는 버스 맞나요?)라고 물어볼 수 있습니다. 또는 Is this bus going to[이즈 디쓰 버스 고우잉 투] + 목적지?(이 버스 ~로 가나요?)라는 표현도 많이 쓰니 함께 알아두세요.

❷ **Anyway, could you tell me where to get off?**   '~를 말씀해 주시겠어요?'라고 부탁할 때 Could you tell me[쿠드 유 텔 미] ~?라고 말합니다. 이런 부탁에 대해서는 답변으로 '물론이죠'라는 뜻의 Of course.[어브 코쓰]라고 해도 좋고, '물론이죠, 문제 없어요'란 뜻의 Sure, no problem.[슈어, 노우 프라블럼]이라고 해도 좋습니다.

버스에서: 승객 태우기

🎧 이것쯤은 알아 듣자. 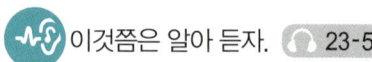 23-5

이 버스가 이태원에 가나요?
Does this bus go to Itaewon?
더즈   디쓰   버쓰   고우 투   이태원

이거 강남 가는 버스인가요?
Is this the bus to Gangnam?
이즈 디쓰   더   버쓰   투   강남

➕ 전치사 to 다음에 장소가 나오는데요, 장소 이름이 뭔지만 잘 들으면 됩니다.

어떤 버스가 홍대로 가나요?
Which bus goes to Hongdae?
위취   버쓰   고우즈   투   홍대

여기는 무슨 정류장이에요?
What stop are we at?
왓   스탑   아   위   앳

➕ stop은 동사로는 '멈추다'란 뜻인데, 명사로는 버스가 멈추는 '정류장'을 뜻합니다. 그래서 '버스 정류장'을 bus stop[버쓰 스탑]이라고 하지요.

어디서 내려야 돼요?
Where do I get off?
웨어   두   아이 겟   어프

언제 내려야 할지 말씀해 주시겠어요?
Would you tell me when to get off?
우드   유   텔   미   웬   투 겟   어프

버스는 영어 안내 방송이 따로 없어서 외국인 관광객들이 이용하기 어려워하는 교통수단입니다. 버스를 운행하면서 승객을 안내할 때 쓸 수 있는 표현을 익혀 봅시다.

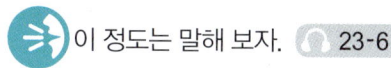 이 정도는 말해 보자. 23-6

버스 잘못 타셨어요.
You took the wrong bus.
유 툭 더 롱 버쓰

반대편 정류장에서 타세요.
You should take the bus on the other side.
유 슈드 테익 더 버쓰 언 디 아더 싸이드

뒤쪽으로 가 주시겠어요?
Could you please move to the rear?
쿠드 유 플리즈 무브 투 더 리어

✚ 버스에 사람이 너무 많아 앞쪽에 공간이 부족할 때는 이렇게 말해 보세요. rear[리어]는 '뒤쪽'을 뜻합니다.

뒷문으로 내리세요.
Please exit through the rear door.
플리즈 엑짓 뜨루 더 리어 도어

✚ exit[엑짓]은 명사로는 '출구'라는 뜻인데 동사로는 '(장소를) 빠져나가다, 나가다'라는 뜻을 가지고 있습니다.

다음 정류장에서 내리시는 게 좋겠어요.
You should get off at the next stop.
유 슈드 겟 어프 앳 더 넥쓰트 스탑

여기서 내리시는 게 좋을 것 같습니다.
I think you should get off here.
아이 띵크 유 슈드 겟 어프 히어

24 지하철역에서 지하철 안내하기

다음 대화를 듣고 따라 말해 보세요. 🎧 24-1

대화 A

손님 Which line goes to Gangnam Station?
위취   라인   고우즈   투   강남   스테이션

나   You should take subway line 2.
유   슈드   테익   써브웨이   라인   투

대화 B

나   Can I help you buy a ticket?
캔   아이 헬프   유   바이   어 티킷

손님 Yes, please.
예쓰   플리즈

You should + 동사 .

~하는 게 좋을 거예요.

상대방에게 어떤 행동을 하는 게 좋을 것 같다고 조언해 줄 때 You should[유 슈드] + 동사. 패턴을 사용해서 말해 보세요. should[슈드]는 조동사로, 동사 앞에 쓰면 '~하는 편이 좋다, ~해야 한다'라는 뜻을 더해 줍니다. 뭔가를 제안하거나 권유할 때 사용하는 표현이지요.

pattern 47 지하철 2호선을 타시는 게 좋을 거예요.
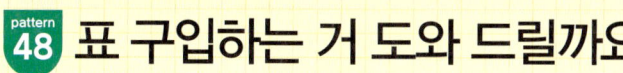 표 구입하는 거 도와 드릴까요?

○ 지하철을 타려는 외국인 여행객에게 지하철 방향이나 가는 길을 안내해 줄 때 쓸 수 있는 표현을 익혀 봅시다.

새로 나온 단어

line [라인] 선, 노선
station [스테이션] 정거장, 역

• **대화 A**

손님   몇 호선이 강남역 가나요?

나   지하철 2호선을 타시는 게 좋을 거예요.

• **대화 B**

나   표 구입하는 거 도와 드릴까요?

손님   네, 부탁해요.

단어 TIP

line[라인]은 원래 '선'이란 뜻인데요, '1호선, 2호선, 3호선' 같은 '(기차의) 노선'을 뜻하기도 합니다.

 pattern 48

Can I help you + 동사 ?

~하는 거 도와 드릴까요?

표를 구입하거나 길 찾는 데 어려움을 겪고 있는 외국인에게 도움을 주고 싶을 때는 Can I help you[캔 아이 헬프 유] + 동사? 패턴을 활용해 보세요. help[헬프]는 '도와주다'라는 뜻의 동사로, '~하는 거 도와 드릴까요?'라는 의미가 됩니다. 'help + 사람 + 동사'는 '~가 …하는 것을 돕다'라는 뜻이에요.

You should ☐.

~하는 게 좋을 거예요.

○ 다음 표현을 넣어 문장을 연습해 보세요. 🎧 24-3

1 **You should take exit 8.**
   유 슈드 테익 엑짓 에잇

2 **You should get off at Gangnam Station.**
   유 슈드 겟 어프 앳 강남 스테이션

3 **You should transfer at Jamsil Station.**
   유 슈드 트랜스퍼 앳 잠실 스테이션

4 **You should transfer to line 4.**
   유 슈드 트랜스퍼 투 라인 포

1 8번 출구로 나가는 게 좋을 겁니다.
2 강남역에서 내리는 게 좋을 겁니다.
3 잠실역에서 갈아타는 게 좋을 겁니다.
4 4호선으로 갈아타는 게 좋을 겁니다.

---

1 take exit 8 길을 안내할 때 흔히 '몇 번 출구로 나가세요'라는 말을 많이 쓰는데, 'take exit + 숫자'로 말하면 '몇 번 출구로 나가다'란 뜻이 됩니다. 지하철의 '출구'를 exit[엑짓]이라고 하는데 [엑씻]이라고도 발음합니다.

3 transfer at Jamsil Station / 4 transfer to line 4 transfer[트랜스퍼]는 명사로 '환승', 동사로는 '갈아타다, 환승하다'란 뜻입니다. 그래서 transfer at[트랜스퍼 앳]은 '~에서 갈아타다', transfer to[트랜스퍼 투]는 '~로 갈아타다'가 되지요.

pattern 48

Can I help you ⬜?

~하는 거 도와 드릴까요?

○ 다음 표현을 넣어 문장을 연습해 보세요. 🎧 24-2

1 **Can I help you find your seat?**
   캔   아이 헬프   유   파인드 유어   씻

2 **Can I help you carry your bags?**
   캔   아이 헬프   유   캐리   유어   백즈

3 **Can I help you reserve a ticket?**
   캔   아이 헬프   유   리저브   어 티킷

4 **Can I help you connect to the Wi-Fi?**
   캔   아이 헬프   유   커넥트   투 더 와이파이

1 좌석 찾는 거 도와 드릴까요?
2 가방 옮기는 거 도와 드릴까요?
3 표 예약하는 거 도와 드릴까요?
4 와이파이에 연결하는 거 도와 드릴까요?

3 **reserve a ticket** 한국을 처음 방문한 외국인 관광객이라면 어떻게 표를 구입하거나 예약해야 할지 몰라 난처해할 수 있습니다. 동사 reserve[리저브]는 '예약하다'라는 뜻입니다.

4 **connect to the Wi-Fi** Wi-Fi[와이파이]는 '무선인터넷 공유기'를 뜻하는데, '~에 연결하다'를 connect to[커넥트 투]라고 합니다. '인터넷에 연결하다'는 connect to the Internet[커넥트 투 디 인터넷]이라고 하지요.

미션: 성수역에 가는 법을 안내하자

🎧 다음 대화를 듣고 따라 말해 보세요. 24-4

손님: Excuse me. Which line should I take to Seongsu Station?

나: **You should take subway line 2.**

손님: How many stops is it to Seongsu Station?❶

나: Just three stops.

손님: Oh, I see. Where can I buy a ticket?

나: There are ticket machines over there.❷
Can I help you buy a ticket?

손님: Thank you. That's very kind of you.

여러 노선이 복잡하게 얽혀 있는 왕십리역에서 외국인 관광객이 길을 물어봅니다. 어떤 노선을 타야 하는지 설명해 주고 표 구입하는 것도 도와줍시다.

손님   실례합니다. 성수역에 가려면 어떤 노선을 타야 하죠?

나   **지하철 2호선을 타시는 게 좋을 거예요.**

손님   성수역까지 몇 정거장 가야 하나요? ❶

나   세 정거장만 가시면 됩니다.

손님   오, 그렇군요. 표는 어디서 구입할 수 있어요?

나   저쪽에 승차권 자동발매기가 있어요. ❷
       표 구입하는 거 도와 드릴까요?

손님   고마워요. 정말 친절하시네요.

새로 나온 단어

stop [스탑] 정거장

ticket machine
[티킷 머쉰] 승차권 발매기

kind [카인드] 친절한

표현 들여다보기

❶ **How many stops is it to Seongsu Station?**   stop[스탑]은 '멈추다, 정지'라는 뜻이 있는데 지하철이 멈추는 '정거장'이라는 뜻도 있습니다. 관광객이 자신이 가려는 목적지까지 몇 정거장이 남았는지 물어볼 때 How many stops is it to[하우 메니 스탑스 이즈 잇 투] + 목적지?라고 하는데, 여기에 '몇 정거장만 가시면 됩니다'라고 답변할 때는 '숫자 + stops'로 간단하게 대답하면 됩니다.

❷ **There are ticket machines over there.**   '~가 있다'라고 장소나 물건의 위치 등을 알려줄 때는 There is[데어 이즈] ~. 또는 There are[데어 아] ~.를 활용해서 말하면 좋습니다. 전철이나 기차 등의 표(ticket)를 판매하는 기계(machine)인 '승차권 자동발매기'는 ticket machine[티킷 머쉰]이라고 합니다.

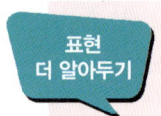

지하철역에서: 지하철 안내하기

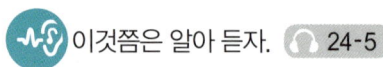 이것쯤은 알아 듣자. 🎧 24-5

어디서 교통카드 구입할 수 있나요?
Where can I buy a transportation card?
웨어　　캔　　아이 바이　어　트랜스퍼테이션　　카드

가장 가까운 지하철역은 어디에요?
Where is the nearest subway station?
웨어　　이즈 더　　니어리스트　　써브웨이　　스테이션

지하철 지도가 필요해요.
I need a subway map.
아이 니드　　어　써브웨이　　맵

일일 승차권이 필요해요.
I need a one-day pass.
아이 니드　어 원　데이　패쓰

➕ 부산 지하철에는 일일 승차권(one-day pass)이 있어서 하루 종일 자유롭게 지하철을 타고 내릴 수 있습니다.

어떤 노선이 해운대로 갑니까?
Which line goes to Haeundae?
위취　　라인　고우즈　투　해운대

홍대 갈 건데 몇 호선 타야 하죠?
I'm going to Hongdae. Which line should I take?
아임　고우잉　투　홍대　　위취　　라인　슈드　　아이 테익

지하철은 빠르고 편리한 교통수단이지만 복잡하게 노선이 얽혀 있기 때문에 처음 한국에 온 외국인들은 헷갈리기 쉽습니다. 지하철을 안내할 때 쓸 수 있는 표현을 익혀 봅시다.

이 정도는 말해 보자. 24-6

서울역에서 내려 4호선을 타면 돼요.
You can get off at Seoul Station and take line 4.
유 캔 겟 어프 앳 서울 스테이션 앤 테익 라인 포

2호선인 녹색선으로 갈아타시면 돼요.
You can transfer to the green line, which is line 2.
유 캔 트랜스퍼 투 더 그린 라인 위치 이즈 라인 투

✚ 지하철은 색으로 노선이 구분되어 있으므로, 색과 노선 이름을 함께 알려주면 외국인 입장에서도 훨씬 찾아가기 쉽습니다.

환승하려면 여기서 내리셔야 해요.
You should get off here to transfer.
유 슈드 겟 어프 히어 투 트랜스퍼

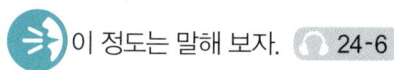

서면에서 지하철을 갈아타세요.
You should transfer subways at Seomyeon Station.
유 슈드 트랜스퍼 써브웨이즈 앳 서면 스테이션

강남행 전철을 타세요.
You should take the subway for Gangnam.
유 슈드 테익 더 써브웨이 포 강남

✚ '~행 전철'은 전치사 for[포]를 활용해 말하면 됩니다.

맞은편에서 지하철을 타셔야 합니다.
You should take the subway on the other side.
유 슈드 테익 더 써브웨이 언 디 아더 싸이드

25 기차역에서 기차표 판매하기

다음 대화를 듣고 따라 말해 보세요. 🎧 25-1

대화 A

손님　**What time is the next train to Busan?**
　　　왓　　타임　이즈 더　넥쓰트　트레인　투　부산

나　　**There is a train at 3 o'clock.**
　　　데어　이즈 어 트레인　앳　뜨리 어클락

대화 B

나　　**Would you like a one-way or round-trip ticket?**
　　　우드　유　라익　어 원　웨이　오어 라운드　트립
　　　티킷

손님　**Round trip, please.**
　　　라운드　트립　플리즈

There is a train at + 시간 .
~에 기차가 있어요.

기차 시간을 알려줄 때는 '~가 있다'라는 뜻인 There is ~.를 활용해 There is a train at[데어 이즈 어 트레인 앳] + 시간.으로 말해 보세요. '~에 기차가 있어요'란 뜻입니다. 전치사 at[앳] 뒤에 시간을 나타내는 표현을 넣어 말하면 되는데, '몇 시 몇 분'이란 시간은 시와 분을 나타내는 숫자를 그대로 읽어 주면 됩니다.

pattern 49 정각 3시에 기차가 있어요.
 pattern 50 편도표와 왕복표 중 뭐로 하시겠어요?

외국인 여행객이 기차역 매표소에 표를 사러 왔을 때 쓸 수 있는 표현을 익혀 봅시다.

새로 나온 단어

train [트레인] 기차
o'clock [어클락] ~시
one-way [원 웨이] 편도의
round-trip [라운드 트립] 왕복의

• **대화 A**

손님   부산행 다음 기차는 몇 시죠?

나   정각 3시에 기차가 있어요.

• **대화 B**

나   편도표와 왕복표 중 뭐로 하시겠어요?

손님   왕복으로 주세요.

단어 TIP

영국식 영어에서는 '편도의'를 single[씽글], '왕복의'를 return[리턴]이라고 다르게 말하니 함께 알아두세요.

 pattern 50

Would you like + 명사 ?

~로 하시겠어요?

공손하게 상대방의 의향을 물어볼 때는 Would you like[우드 유 라익] + 명사?를 사용하면 좋습니다. '~가 좋으시겠어요?'가 직역이지만 자연스럽게 해석하면 '~로 하시겠어요?'가 됩니다. 특히 Would you like A or B?의 형태로 물어보면 A와 B 둘 중에 원하는 것이 무엇인지 물어볼 수 있지요.

There is a train at _____.

~에 기차가 있어요.

○ 다음 표현을 넣어 문장을 연습해 보세요. 🎧 25-2

1 There is a train at 9:30.
데어   이즈 어 트레인   앳   나인 떠티

2 There is a train at 5:25.
데어   이즈 어 트레인   앳   파이브 트웨니 파이브

3 There is a train at 8 a.m.
데어   이즈 어 트레인   앳   에잇 에이엠

4 There is a train at 3 p.m.
데어   이즈 어 트레인   앳   뜨리 피엠

1 9:30분에 기차가 있어요.
2 5:25분에 기차가 있어요.
3 오전 8시에 기차가 있어요.
4 오후 3시에 기차가 있어요.

1 9:30 / 2 5:25 시간을 말할 때는 시간과 분을 나타내는 숫자를 차례대로 말하면 됩니다. '9시 30분'은 9를 뜻하는 nine[나인]과 30을 뜻하는 thirty[떠티]를 써서 nine thirty라고 하고, '5시 25분'은 5를 뜻하는 five[파이브]와 25를 뜻하는 twenty-five [트웨니 파이브]를 써서 five twenty five라고 읽으면 되지요.

3 8 a.m. / 4 3 p.m. 오전과 오후 시간을 나타낼 때 '오전'은 a.m.[에이엠], '오후'는 p.m.[피엠]을 숫자 뒤에 붙입니다.

Would you like ⬜ ?
~로 하시겠어요?

○ 다음 표현을 넣어 문장을 연습해 보세요. 🎧 25-3

1 **Would you like this seat?**
　우드　유　라익　디쓰　씻

2 **Would you like an express train?**
　우드　유　라익　언　익쓰프레쓰　트레인

3 **Would you like a window or an aisle seat?**
　우드　유　라익　어 윈도우　오어 언　아일　씻

4 **Would you like the KTX or a regular train?**
　우드　유　라익　더　케이티엑쓰 오어 어 레귤러　트레인

1 이 **좌석**으로 하시겠어요?
2 **급행 열차**로 하시겠어요?
3 **창가석**으로 하시겠어요, **아니면 통로석**으로 하시겠어요?
4 **KTX**로 하시겠어요, **아니면 일반 열차**로 하시겠어요?

2 **an express train**　express[익쓰프레쓰]는 '고속의, 급행편의'라는 뜻입니다. 일일이 역마다 서지 않고 목적지로 빠르게 가는 '급행 열차'를 express train[익쓰프레쓰 트레인]이라고 하는데, 서울역에서 인천공항으로 바로 가는 '직통 열차'도 이렇게 말합니다.

3 **a window or an aisle seat**　기차 자리를 보면 크게 창가석(window seat)과 통로석(aisle seat)이 있습니다. 둘 중 어느 것을 원하는지 물어볼 때는 중간에 '~거나, 또는'이라는 뜻의 or[오어]를 넣어서 말하면 되지요.

233

미션 경주행 기차표를 판매하자

○ 다음 대화를 듣고 따라 말해 보세요. 🎧 25-4

손님 Hello. I'd like a ticket to Gyeonju, please.
헬로우 아이드 라익 어 티킷 투 경주 플리즈

나 **Would you like a one-way or round-trip ticket?**
우드 유 라익 어 원 웨이 오어 라운드 트립 티킷

손님 One way, please. What time is the next train?❶
원 웨이 플리즈 왓 타임 이즈 더 넥쓰트 트레인

나 **There is a train at 3 o'clock.**
데어 이즈 어 트레인 앳 뜨리 어클락

손님 How much is the fare?
하우 머취 이즈 더 페어

나 It's 20,000 won.
잇쓰 트웨니 따우전드 원

손님 Okay. Here is my credit card.
오우케이 히어 이즈 마이 크레딧 카드

나 Thank you. Here is your train ticket.
땡큐 히어 이즈 유어 트레인 티킷

손님 Which platform should I go to?
위취 플랫폼 슈드 아이 고우 투

나 You should go to platform 9.❷
유 슈드 고우 투 플랫폼 나인

기차역 매표소에 외국인 관광객이 표를 구입하러 왔습니다. 기차가 언제 있는지 안내하고 요금도 안내해 봅시다.

손님	안녕하세요. 경주행 표 주세요.
나	**편도표와 왕복표 중 뭐로 하시겠어요?**
손님	편도로 주세요. 다음 기차는 몇 시죠?❶
나	**정각 3시에 기차가 있어요.**
손님	요금은 얼마예요?
나	2만원입니다.
손님	알겠어요. 제 신용카드 여기 있습니다.
나	고맙습니다. 기차표 여기 있어요.
손님	어느 승강장으로 가야 하죠?
나	9번 승강장으로 가셔야 해요.❷

새로 나온 단어

next [넥쓰트] 다음의

platform [플랫폼] 플랫폼, 승강장

• 표현 들여다보기

❶ **What time is the next train?** 시간을 물을 때는 '몇 시'라는 뜻의 What time [왓 타임]을 활용합니다. 예를 들어 '기차는 몇 시에 출발합니까?'라고 할 때 What time does the train leave?[왓 타임 더즈 더 트레인 리브]라고 묻습니다.

❷ **You should go to platform 9.** 24과에서 '당신은 ~하는 게 좋겠다, ~해야 한다'라고 충고할 때 You should[유 슈드] + 동사.를 쓴다고 배웠습니다. go to[고우 투] 는 '~로 가다'라는 뜻인데, '~로 가셔야 해요'라고 길을 안내해 줄 때도 You should go to[유 슈드 고우 투] + 장소.로 말합니다. 한편 '(기차의) 승강장'을 platform[플랫폼] 이라고 하는데, 이 뒤에 one[원], two[투], three[뜨리] 같은 숫자를 넣어 '1번 승강장', '2번 승강장', '3번 승강장'을 표현할 수 있습니다.

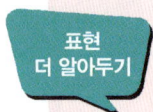 ## 기차역에서: 기차표 판매하기

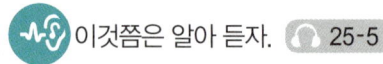

대구행 왕복표 주세요.

A round-trip ticket to Daegu, please.
어 라운드 트립 티킷 투 대구 플리즈

서울행 2시 기차표 두 장 주세요.

Two tickets to Seoul for the 2 p.m. train, please.
투 티킷츠 투 서울 포 더 투 피엠 트레인 플리즈

여수까지 편도 요금은 얼마예요?

What's the one-way fare to Yeosu?
왓쓰 더 원 웨이 페어 투 여수

➕ '요금이 얼마예요?'라고 물어볼 때 What's the fare?[왓쓰 더 페어] 또는 How much is the fare? [하우 머취 이즈 더 페어]라고 합니다.

급행열차는 얼마예요?

How much is the express train?
하우 머취 이즈 디 익쓰프레쓰 트레인

다음 기차는 언제 출발하나요?

When does the next train leave?
웬 더즈 더 넥쓰트 트레인 리브

➕ leave[리브]는 '떠나다, 출발하다'라는 뜻입니다.

여기가 강릉 가는 승강장 맞나요?

Is this the right platform for Gangneung?
이즈 디쓰 더 라잇 플랫폼 포 강릉

장거리 여행을 할 때는 KTX 등 기차를 이용하는 외국인들이 많습니다. 기차를 이용하는 외국인들에게 표를 판매할 때나 기차 편을 안내할 때 쓸 수 있는 표현을 익혀 봅시다.

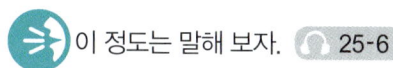이 정도는 말해 보자. 25-6

목적지가 어디세요?
Where is your destination?
웨어   이즈 유어   데스터네이션

몇 등석으로 드릴까요?
Which class would you like?
위취   클래쓰   우드   유   라익

+ class[클래쓰]는 '등급'이란 뜻인데, 1등석에 해당하는 KTX의 '특실'은 first class[퍼스트 클래스]라고 하고 '일반석'은 economy class[이카너미 클래쓰]라고 합니다.

이 승차권 자동발매기 어떻게 사용하는지 알려드리죠.
Let me show you how to use this ticket machine.
렛 미 쇼우 유 하우 투 유즈 디쓰 티킷   머쉰

군산행 기차는 반대편에서 타셔야 해요.
You should take the train to Gunsan on the other side.
유   슈드   테익 더   트레인 투 군산   언 디 아더   싸이드

+ '반대편'을 the other side[디 아더 싸이드]라고 합니다.

표를 보여주시겠어요?
Can I see your ticket, please?
캔   아이 씨   유어   티킷   플리즈

기차 잘못 타셨어요.
You're on the wrong train.
유어   언 더 렁   트레인

특별부록

알아두면 유용한 표현

꼭 알아둬야 할 기본 표현

상황별 전화 응대 표현

계산할 때 쓰는 숫자 표현

WELCOME

꼭 알아둬야 할 기본 표현

26-1

MP3로 들으세요

기본적인 인사, 감사와 사과, 대답 등 영어로 의사 소통할 때 기본적으로 알아둬야 할 표현을 모았습니다. 잘 외워 뒀다가 외국인 손님이 왔을 때 활용해 보세요.

인사할 때

영어에서는 아침, 점심, 저녁 인사가 각각 다릅니다. 손님에게 인사를 건넬 때는 시간대에 맞춰 알맞은 인사말을 써 보세요.

안녕하세요.
Hello.
헬로우

안녕하세요.
Hi.
하이

안녕하세요. (아침 인사)
Good morning.
굿 모닝

안녕하세요. (점심 인사)
Good afternoon.
굿 애프터눈

안녕하세요. (저녁 인사)
Good evening.
굿 이브닝

안녕히 주무세요.
Good night.
굿 나잇

안녕히 가세요. / 안녕히 계세요.
Good bye.
굿 바이

말을 걸 때

물건을 구경하고 있는 손님이나 가게 입구에서 망설이고 있는 손님에게 말을 붙일 때는 주저하지 말고 자연스럽게 말을 걸어 보세요.

실례합니다.
Excuse me.
익쓰큐즈 미

도와 드릴까요?
May I help you?
메이 아이 헬프 유

뭘 해 드릴까요?
What can I do for you?
왓 캔 아이 두 포 유

도움이 필요하세요?
Do you need any help?
두 유 니드 에니 헬프

대답할 때

단순히 Yes.[예쓰]와 No.[노우]라고만 답하지 말고 다양한 표현을 써서 대답해 보세요. 긍정의 대답과 부정의 대답으로 쓸 수 있는 표현을 구분해서 알아두면 좋습니다.

네.
Yes.
예쓰

물론입니다.
Of course.
어브 코쓰

물론입니다.
Sure.
슈어

알겠습니다. / 그래요.
Okay.
오우케이

알겠습니다.
I see.
아이 씨

그럼요. / 문제 없습니다.
No problem.
노우 프라블럼

아니오.
No.
노우

감사하지만 괜찮아요.
No, thank you.
노우 땡큐

감사할 때

고마움을 표현하면 듣는 사람의 기분도 좋아집니다. 손님에게 감사의 인사를 받았을 때 답변으로 쓸 수 있는 표현도 잘 익혀 두세요.

고맙습니다.
Thank you.
땡큐

고마워요.
Thanks.
땡쓰

정말 고마워요.
Thank you very much.
땡큐 베리 머취

천만에요.
You're welcome.
유어 웰컴

별 말씀을요.
Not at all.
낫 앳 얼

별 말씀을요.
Don't mention it.
던 멘션 잇

별 말씀을요.
My pleasure.
마이 플레줘

사과할 때

뭔가 실수를 했을 때는 재빨리 사과하는 것이 좋습니다. 사과에 대한 응답 표현도 잘 익혀 뒀다가 활용해 보세요.

미안해요.
I'm sorry.
아임 쎄리

정말 미안해요.
I'm so sorry.
아임 쏘우 쎄리

거기에 대해 사과 드립니다.
I apologize for that.
아이 어팔러좌이즈 포 댓

괜찮아요.
It's okay.
잇쓰 오우케이

괜찮습니다.
It's all right.
잇쓰 얼 라잇

제대로 이해 못 했을 때

손님의 말을 잘 못 알아들었을 때는 다시 이야기해 달라고 정중하게 요청해 보세요. 말이 너무 빨랐다면 천천히 말해 달라고 부탁하는 것도 좋습니다.

죄송합니다만, 제가 못 들었습니다.
I'm sorry. I didn't catch that.
아임 쎄리 아이 디든트 캐취 댓

뭐라고 하셨죠?
Pardon me?
파든 미

뭐라고요? / 네?
Excuse me? / I'm sorry?
익쓰큐즈 미 / 아임 쎄리

다시 말씀해 주시겠어요?
Could you say that again?
쿠드 유 쎄이 댓 어겐

천천히 다시 말씀해 주십시오.
Please say that again slowly.
플리즈 쎄이 댓 어겐 슬로울리

영어 구사 능력에 대해 말할 때

영어권에서 온 사람인지 아닌지 불분명할 때는 영어를 할 줄 아냐고 물어보세요. 자신의 영어 구사 실력을 설명하는 표현도 잘 알아두세요.

영어 할 줄 아세요?
Do you speak English?
두 유 스픽 잉글리쉬

영어 조금 할 줄 알아요.
I speak a little English.
아이 스픽 어 리틀 잉글리쉬

저는 영어를 잘 합니다.
I speak English well.
아이 스픽 잉글리쉬 웰

저는 영어를 잘 못합니다.
I can't speak English well.
아이 캔트 스픽 잉글리쉬 웰

상황별 전화 응대 표현

전화를 받을 때 활용할 수 있는 기본 표현을 모았습니다. 전화로 말할 때는 상대방의 표정이나 몸짓을 볼 수 없기 때문에 더욱 주의를 기울여야 하지요. 외국인 손님에게 문의 전화가 왔을 때 아래 표현을 활용해서 말해 보세요.

식당에서 전화 받기

손님이 자리를 예약하려고 식당에 전화했을 때 대응할 수 있는 표현을 익혀 봅시다. 예약을 받을 때는 정확한 날짜와 시간, 인원을 체크해 두세요.

안녕하세요. 거궁 레스토랑입니다.
Hello! This is Geogung Restaurant.
헬로우 디쓰 이즈 거궁 레스터런트

일행은 몇 분이신가요?
How many will be in your party?
하우 메니 윌 비 인 유어 파리

몇 시로 예약하시겠어요?
For what time would you like to book it?
포 왓 타임 우드 유 라익 투 북 잇

죄송하지만, 그 시간에는 예약이 꽉 찼습니다.
I'm sorry, but we're fully booked at that time.
아임 쎠리 벗 위어 풀리 북트 앳 댓 타임

오늘 저녁 7시에 두 분이 앉을 수 있는 테이블 맞나요?
A table for two at 7 this evening. Is that right?
어 테이블 포 투 앳 쎄븐 디쓰 이브닝 이즈 댓 라잇

성함과 전화번호를 말씀해 주시겠습니까?
Could you tell me your name and number?
쿠드 유 텔 미 유어 네임 앤 넘버

성함을 말씀해 주시겠어요?
May I have your name?
메이 아이 해브 유어 네임

성함 스펠링이 어떻게 되시죠?
How do you spell your name?
하우 두 유 스펠 유어 네임

감사합니다. 그때 뵙겠습니다.
Thank you. I'll see you then.
땡큐 아일 씨 유 덴

숙박시설에서 전화 받기

호텔이나 게스트하우스 같은 숙박시설에서 전화를 받을 때 쓸 수 있는 표현을 익혀 봅시다.

안녕하세요, 플라자 호텔입니다.
Hello. This is the Plaza Hotel.
헬로우 디쓰 이즈 더 플라자 호우텔

안녕하세요. 프런트입니다.
Hello. This is the front desk.
헬로우 디쓰 이즈 더 프런트 데스크

어떻게 도와 드릴까요?
How may I serve you?
하우 메이 아이 써브 유

어떻게 도와 드릴까요?
How can I help you?
하우 캔 아이 헬프 유

저희가 무엇을 해 드릴까요?
What would you like us to do?
왓 우드 유 라익 어쓰 투 두

객실 번호를 말씀해 주시겠습니까?
Could you tell me your room number?
쿠드 유 텔 미 유어 룸 넘버

죄송하지만, 방 번호가 뭐라고 하셨죠?
I'm sorry, but what was your room number again?
아임 쎄리 벗 왓 워즈 유어 룸 넘버 어겐

예약 부서로 전화를 돌려드리겠습니다.
Let me transfer you to the Reservation Department.
렛 미 트랜스퍼 유 투 더 레저베이션 디파트먼트

모닝콜입니다.
This is your wake-up call.
디쓰 이즈 유어 웨이크업 컬

기다려 달라고 할 때

뭔가를 확인해 봐야 할 때는 전화기 너머의 상대방에게 기다려 달라고 부탁할 수 있어요. 그때 사용할 수 있는 표현을 익혀 봅시다.

잠시만 기다려 주세요.
One moment, please.
원 모우먼트 플리즈

끊지 말고 기다려 주세요.
Hold the line, please.
호울드 더 라인 플리즈

잠시만 기다려 주십시오. 제가 확인해 보겠습니다.
Hold on, please. Let me check it for you.
호울드 언 플리즈 렛 미 췌크 잇 포 유

기다리게 해서 죄송합니다.
I'm sorry to keep you waiting.
아임 쎄리 투 킵 유 웨이팅

문제가 있을 때

전화를 받았을 때 통화 상태에 문제가 생겼거나 상대방이 잘못 전화를 건 경우가 있습니다. 이때는 뭐가 문제인지 정중하게 설명해 주면 좋습니다. 전화 상태가 안 좋아서 제대로 못 들었을 때는 다시 말해 달라고 부탁하거나 더 크게 말해 달라고 부탁해 보세요.

죄송하지만 전화 잘못 거신 것 같습니다.
I'm sorry, but I think you have the wrong number.
아임 쏘리 벗 아이 띵크 유 해브 더 렁 넘버

잘 안 들려요.
I can't hear you.
아이 캔트 히어 유

좀 더 크게 말씀해 주실래요?
Could you speak louder?
쿠드 유 스픽 라우더

전화 상태가 안 좋습니다.
The line is bad.
더 라인 이즈 배드

나중에 다시 전화 주시겠어요?
Could you call back later?
쿠드 유 콜 백 레이터

다시 한 번 말씀해 주시겠습니까?
Would you mind repeating that again?
우드 유 마인드 리피팅 댓 어겐

전화 끊을 때

전화를 끊으면서 작별 인사로 쓸 수 있는 표현을 배워 봅시다. 전화해 준 사실에 감사함을 표하면서 인사를 건네 보세요.

전화 주셔서 감사합니다.
Thank you for calling.
땡큐 포 콜링

전화 주셔서 감사합니다.
Thank you for your call.
땡큐 포 유어 콜

좋은 하루 보내세요.
Have a good day.
해브 어 굿 데이

계산할 때 쓰는 **숫자 표현**

26-3
MP3로 들으세요

계산할 때 금액을 이야기하려면 숫자를 기본적으로 읽을 수 있어야 합니다. 기본 숫자부터 복잡한 금액까지 다양한 숫자를 읽는 법을 익혀 두세요.

기본적인 숫자 읽기

1부터 20을 나타내는 숫자는 그대로 외워 둬야 합니다. 13, 14, 15... 19는 뒤에 -teen을 붙여 만들고, 20, 30, 40... 90은 뒤에 -ty를 붙여 만드니까 참고해서 알아 두세요. 21, 22, 23, 24...의 경우는 20 뒤에 1, 2, 3, 4...를 나타내는 단어를 붙여 말하면 되니까 간단합니다. 참고로 20을 나타내는 twenty의 원래 발음은 [트웬티]지만 미국 사람들은 t 발음을 생략하고 [트웨니]라고 많이 발음합니다.

1	one 원
2	two 투
3	three 뜨리
4	four 포
5	five 파이브
6	six 씩쓰
7	seven 쎄븐
8	eight 에잇
9	nine 나인
10	ten 텐
11	eleven 일레븐
12	twelve 트웰브
13	thirteen 떠틴
14	fourteen 포틴
15	fifteen 피프틴
16	sixteen 씩쓰틴
17	seventeen 쎄븐틴
18	eighteen 에이틴
19	nineteen 나인틴

20	**twenty** 트웨니	
21	**twenty-one** 트웨니 원	
22	**twenty-two** 트웨니 투	
23	**twenty-three** 트웨니 뜨리	
30	**thirty** 떠티	
40	**forty** 포티	
50	**fifty** 피프티	
60	**sixty** 씩쓰티	
70	**seventy** 쎄븐티	
80	**eighty** 에이티	
90	**ninety** 나인티	
100	**one hundred** 원 헌드레드	
1000	**one thousand** 원 따우전드	

기본적인 금액 읽기

한국은 돈 단위가 커서 금액을 말하기가 어렵습니다. 특히 영어에는 '만', '10만'을 나타내는 단어가 없습니다. 그래서 '만' 단위는 10, 20, 30, 40…을 나타내는 숫자 뒤에 '천'을 뜻하는 thousand[따우전드]를 붙여 말하고, '10만' 단위는 100과 1,000을 나타내는 hundred[헌드레드]와 thousand[따우전드]를 함께 써서 표현합니다. 기본적인 금액을 나타내는 다음 단어를 잘 익혀두세요.

50원	**fifty won** 피프티 원	
100원	**one hundred won** 원 헌드레드 원	
200원	**two hundred won** 투 헌드레드 원	
300원	**three hundred won** 뜨리 헌드레드 원	
400원	**four hundred won** 포 헌드레드 원	
500원	**five hundred won** 파이브 헌드레드 원	
600원	**six hundred won** 씩쓰 헌드레드 원	
700원	**seven hundred won** 쎄븐 헌드레드 원	
800원	**eight hundred won** 에잇 헌드레드 원	
900원	**nine hundred won** 나인 헌드레드 원	

1,000원	**one thousand won** 원 따우전드 원	80,000원	**eighty thousand won** 에이티 따우전드 원
2,000원	**two thousand won** 투 따우전드 원	90,000원	**ninety thousand won** 나인티 따우전드 원
3,000원	**three thousand won** 뜨리 따우전드 원	100,000원	**one hundred thousand won** 원 헌드레드 따우전드 원
4,000원	**four thousand won** 포 따우전드 원	110,000원	**one hundred ten thousand won** 원 헌드레드 텐 따우전드 원
5,000원	**five thousand won** 파이브 따우전드 원	120,000원	**one hundred twenty thousand won** 원 헌드레드 트웨니 따우전드 원
6,000원	**six thousand won** 씩쓰 따우전드 원	130,000원	**one hundred thirty thousand won** 원 헌드레드 떠티 따우전드 원
7,000원	**seven thousand won** 쎄븐 따우전드 원	140,000원	**one hundred forty thousand won** 원 헌드레드 포티 따우전드 원
8,000원	**eight thousand won** 에잇 따우전드 원	150,000원	**one hundred fifty thousand won** 원 헌드레드 피프티 따우전드 원
9,000원	**nine thousand won** 나인 따우전드 원	160,000원	**one hundred sixty thousand won** 원 헌드레드 씩쓰티 따우전드 원
10,000원	**ten thousand won** 텐 따우전드 원	170,000원	**one hundred seventy thousand won** 원 헌드레드 쎄븐티 따우전드 원
20,000원	**twenty thousand won** 트웨니 따우전드 원		
30,000원	**thirty thousand won** 떠티 따우전드 원		
40,000원	**forty thousand won** 포티 따우전드 원		
50,000원	**fifty thousand won** 피프티 따우전드 원		
60,000원	**sixty thousand won** 씩쓰티 따우전드 원		
70,000원	**seventy thousand won** 쎄븐티 따우전드 원		

180,000원
one hundred eighty thousand won
원 헌드레드 에이티 따우전드 원

190,000원
one hundred ninety thousand won
원 헌드레드 나인티 따우전드 원

200,000원
two hundred thousand won
투 헌드레드 따우전드 원

300,000원
three hundred thousand won
뜨리 헌드레드 따우전드 원

400,000원
four hundred thousand won
포 헌드레드 따우전드 원

500,000원
five hundred thousand won
파이브 헌드레드 따우전드 원

600,000원
six hundred thousand won
씩쓰 헌드레드 따우전드 원

700,000원
seven hundred thousand won
쎄븐 헌드레드 따우전드 원

800,000원
eight hundred thousand won
에잇 헌드레드 따우전드 원

900,000원
nine hundred thousand won
나인 헌드레드 따우전드 원

1,000,000원
one million won
원 밀리언 원

복잡한 금액 읽기

앞서 배운 금액 표현을 활용하면 복잡한 금액도 쉽게 읽을 수 있습니다. 앞쪽부터 차례대로 배운 금액을 붙여 읽어 보세요. 참고로 구어체에서는 7,500원을 75와 100을 나타내는 숫자를 써서 seventy-five hundred won[쎄븐티 파이브 헌드레드 원]처럼 읽기도 합니다.

750원
seven hundred fifty won
쎄븐 헌드레드 피프티 원

7,500원
seven thousand five hundred won
쎄븐 따우전드 파이브 헌드레드 원

73,500원
seventy-three thousand five hundred won
쎄븐티 뜨리 따우전드 파이브 헌드레드 원

173,500원
one hundred seventy-three thousand five hundred won
원 헌드레드 쎄븐티 뜨리 따우전드 파이브 헌드레드 원

1,173,500원
one million one hundred seventy-three thousand five hundred won
원 밀리언 원 헌드레드 쎄븐티 뜨리 따우전드 파이브 헌드레드 원

큰 단위 숫자 읽는 법

영어에서 큰 단위의 숫자는 세 자리씩 끊어 읽으면 쉽게 읽을 수 있습니다. 세 자리마다 있는 콤마(,)를 참고해서 숫자를 읽어 보세요. 예를 들어 1,173,500원은 1 / 173 / 500이라는 숫자를 끊어서 각각의 단위와 함께 말하면 됩니다. 1(one) 뒤에 '백만' 단위를 나타내는 million[밀리언]을 넣고, 173(one hundred seventy-three) 뒤에 '천'의 단위를 뜻하는 thousand[따우전드]를 넣고, 마지막으로 500(five hundred)을 이어서 말하면 되지요.

million　　　thousand

1,173,500

one **million** one hundred seventy-three **thousand** five hundred
1　　　　　　　　　　173　　　　　　　　　　　500

PC에서
다락원 홈페이지 이용하기

컴퓨터에서 익스플로러, 크롬, 파이어폭스 같은
인터넷 프로그램을 켜고 다락원 홈페이지에 접속하세요.
내려받은 음성파일은 컴퓨터나 MP3 플레이어에서 들으시면 됩니다.

❶ 인터넷 주소창에 **darakwon.co.kr**을 입력하고 엔터를 누르세요.

❷ 화면 위쪽 가운데 검색창 옆에 있는 회원가입을 눌러 가입한 뒤,
  아이디와 비밀번호를 넣어 로그인하세요. 회원가입은 무료입니다.

❸ 검색창에 **청춘 영어**를 입력하고 검색 버튼을 누르세요.

❹ [도서] **청춘 영어: 직업 영어**를 찾아 누른 후 **MP3** 버튼을 누르세요.
  [MP3] **청춘 영어: 직업 영어**를 찾아 들어가셔도 됩니다.

❺ 각 파일명을 누르시면 파일을 받을 수 있습니다.
  전체 파일은 'Active-X 다운로드'를 눌러 내려받으세요.

❶ darakwon.co.kr 입력

❷ 회원가입 후 로그인

❸ '청춘 영어' 입력

❹ 버튼을 눌러 내려받기

스마트폰에서
QR코드 찍어 이용하기

QR코드를 스캔하면 MP3 듣기 페이지로 바로 이동합니다.
회원이 아니어도, 로그인하지 않아도 MP3를 바로 들을 수 있습니다.

❶ **앱스토어** 나 **플레이스토어** 에 들어가세요.

❷ 'QR 코드'를 검색해서 **QR코드 리더** 나 **무료 QR 코드 스캐너** 등의 앱을 내려받으세요.

❸ 받은 앱을 실행하세요.

❹ 카메라 화면을 QR코드에 갖다 대면 강의 MP3 듣기 페이지로 바로 이동합니다.

❺ QR코드를 사용하기 어려우면 스마트폰에서 인터넷을 켜고 네이버나 다음 등의 포털 사이트 검색창에 darakwon.co.kr를 입력해서 들어가세요. '다락원'을 입력해서 찾아 들어가셔도 됩니다.

여기에 카메라를 갖다 대세요.

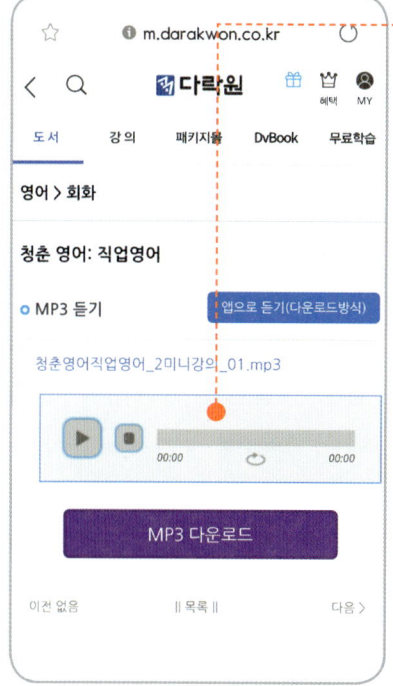

❹ QR 코드를 찍으면 곧바로 강의 듣기 페이지로 이동

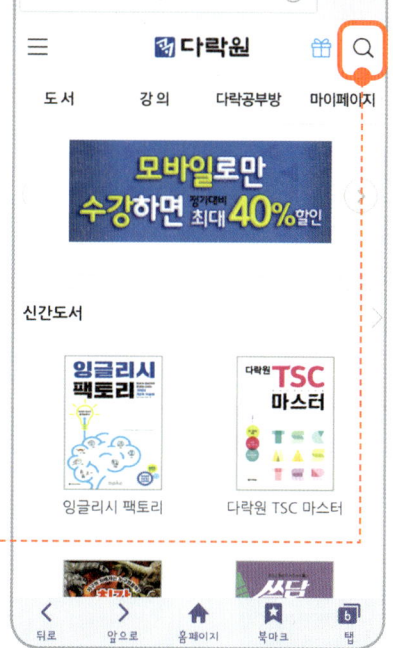

❺ 인터넷을 켜고 다락원 홈페이지로 이동해서 '청춘 영어' 입력

다락원 홈페이지에서 학습 자료를 받으세요!

이 책에 나오는 모든 원어민 녹음과 저자 음성강의는 다락원 홈페이지에서도 받을 수 있습니다. 컴퓨터나 스마트폰을 이용해 들어보세요.

본문 듣기   본문의 풀 버전 녹음입니다. 헤드폰 기호 옆에 있는 파일 번호를 보고 원하는 파일을 쉽게 찾아 들으세요. `MP3 파일`

생활 속 영어 TIP   각 파트 마지막의 '생활 속 영어 TIP'에 나오는 영어 단어와 표현을 들을 수 있습니다. 각각의 QR코드를 찍어서 원어민의 발음을 확인해 보세요. `MP3 파일`

특별 부록   '특별부록: 알아두면 유용한 표현'(240~249쪽)에 나오는 영어 표현을 녹음한 파일입니다. QR코드를 찍으면 바로 연결됩니다. `MP3 파일`

음성 강의   본문에 나오는 패턴과 문장을 설명한 저자 선생님의 친절한 음성강의입니다. 총 25강의 미니강의를 들으면서 공부해 보세요. `MP3 파일`

복습 테스트지   각 과에서 배운 내용을 확인할 수 있는 연습문제입니다. 책을 학습한 다음 복습할 때 활용해 보세요. `워드 파일`

다락원 홈페이지로 바로 가기

스마트폰으로 왼쪽 QR 코드를 찍으시면 다락원 홈페이지로 바로 연결됩니다. 컴퓨터에서는 인터넷 주소창에 darakwon.co.kr을 입력하거나 포털사이트에서 '다락원'으로 검색하세요.